KB198950

bkjn magazine

기계, 도시, 지구

판권

《비케이제이엔 매거진》은 북저널리즘이 만드는 종이 뉴스
잡지다. 북저널리즘은 2017년 서울에서 출판물로 시작해
디지털, 멤버십, 커뮤니티, 오프라인으로 미디어 경험을
확장하고 있다. 《비케이제이엔 매거진》 29호는 2025년
2월 14일 발행됐다. 표지 사진은 요나스 위머스트롬(Jonas
Wimmerström)이 촬영했다. 이 책의 발행처는 주식회사
스리체어스다. 주소는 서울시 종로구 효자로 15 2층,
이메일은 hello@bookjournalism.com, 웹사이트는
bookjournalism.com이다. 이 책에 수록된 글과 그림을
이용하려면 스리체어스의 동의를 받아야 한다.

《비케이제이엔 매거진》은 북저널리즘이 만드는 종이 뉴스 잡지입니다. 테크와 컬처, 국제 정치를 새로운 시각으로 이야기합니다.

bkjn talks

동네 산책을 좋아합니다. 날이 좋을 때 별다른 목적 없이
슬슬 걷는 겁니다. 깨진 보도블록이나 으슥한 골목 끝자락도
유심히 봐 둡니다. 동네의 그늘진 곳까지 정을 붙이고 싶은
마음도 있지만, 위험한 장소에 관한 정보를 몸에 익혀 두기
위한 목적도 있습니다. 저는 저의 동네를 저의 의지로 정하지
못했습니다. 직주 근접과 가용 예산이라는 외부적인 조건에
맞췄죠. 그러니까, 제가 사는 장소는 그냥 운명처럼 정해진
겁니다. 그 운명을 받아들이기 위해서라도 저는 동네를
자주 걷습니다. 그런데 만약, 무한의 돈과 기술을 쏟아부어
이상적인 마을을 만들 수 있다면 어떨까요? 그 꿈을 일본의 한
회사가 실현했습니다. 도요타의 우븐 시티입니다. 살아 보면
어떨지는 아직 모릅니다. 올가을부터 입주가 시작됩니다.
우리는 대개 먹고 싶은 것을 먹고 입고 싶은 것을 입지만,
살고 싶은 곳에 사는 문제는 다릅니다. 도시부터 지구라는
행성까지, 인류의 보금자리는 인간의 의지로 해결할 수 없는
'환경', 즉 상수입니다. 하지만 때로 인간은 상수를 변수로
만들죠. 이번 호에서는 기계와 도시, 지구에 관한 소식을
비평했습니다. 이 중 무엇이 상수이며 무엇이 변수일까요?

bkjn review

테크와 컬처, 국제 정치를
새로운 시각으로
이야기합니다.

지구가 처음으로 1.5°C 한계를 넘었습니다.

파리협정의 목표가 깨진 것도 아니고 세상이 당장 끝나는
것도 아닙니다. 그러나 위험은 분명히 다가오고 있습니다.

2024년은 기후 관측 역사상 가장 더운 해였습니다. 지난해 지구 평균 기온은 산업화 이전 대비 1.55도 상승했습니다. 파리기후협약에서 정한 한계인 1.5도를 처음으로 넘었습니다. 이 같은 내용은 1월 10일 세계기상기구(WMO)가 펴낸 보고서를 통해 확인됐는데요, WMO는 미국 항공우주국(NASA), 유럽 중기예보센터(ECMWF) 등 세계 6개 기상 관측 기구로부터 받은 관측 자료를 종합해 지난해 지구 기온 상승치를 확정했습니다.

지구 기온의 높고 낮음을 판단할 때 기준이 되는 시점인 '산업화 이전'은 1850~1900년입니다. 산업화로 인한 온실가스 배출이 폭발적으로 증가하기 전이라 상대적 기준점이 됩니다. 사실 산업혁명은 1760년경부터 영국에서 시작됐지만, 당시엔 기상 관측이 이뤄지지 않았습니다. 그래서 국제 사회는 인류가 기상 관측을 시작한 무렵인 1850~1900년의 평균 기온을 산업화 이전 대푯값으로 삼고 있습니다.

그런데, 지구 평균 기온을 다룬 뉴스를 보면 한 가지 이상한 점이 있습니다. 기온의 절댓값은 찾아볼 수 없습니다. 기상 관측 기구의 보고서에도 절댓값은 나오지 않습니다. 구글링을 해도 잘 안 나옵니다. "산업화 이전보다 1.55도

올랐다"는 식으로만 기재되죠. 지구 평균 기온이 작년보다
1.55도 올랐다는 건 알겠는데, 그래서 지금 기온이 몇
도인지는 알 수가 없습니다.

　　　　지구 평균 기온을 측정하는 방식 때문에 그렇습니다.
지구 평균 기온은 전 세계 국가들이 관측한 기상 데이터를
가공해서 산출되는데, 국가별로 측정 방식이 다르고 관측
지점도 세계에 골고루 분포돼 있지 않습니다. 사막과
고산지에는 관측소가 매우 적습니다. 지구 표면의 70퍼센트를
덮고 있는 바다에도 관측 지점이 부족하죠. 또 남반구보다
북반구에 몰려 있습니다.

　　　　상황이 이렇다 보니 과학자들은 데이터가 모자란
부분에 인공위성 등을 활용한 추정치를 채워 넣습니다.
추정치를 넣어야 하는 부분이 너무 많고, 기관별로 추정
모델도 다르죠. 그래서 지구 평균 기온은 절댓값으로
얘기하지 않고 "산업화 이전의 추정치보다 몇 도가 올랐다"는
식으로만 얘기합니다. 절댓값은 알 수 없으니, 편차 형태로
제시하는 것이 참값에 더 근접하기 때문입니다.

　　　　아주 작은 부분도 틀리지 않아야 하는 과학자로서는
올바른 태도겠지만, 일반 시민으로선 지구 평균 기온을
모른 채로 작년보다 몇 도가 더 올랐다는 얘기만 들으면 좀

답답할 수 있습니다. 그래서 대략적인 수치를 말씀드리자면, 1850~1900년의 지구 평균 기온은 14도쯤입니다. 지난해 지구 평균 기온이 이 기간보다 1.55도 높았으니까, 15.55도 정도로 보시면 됩니다.

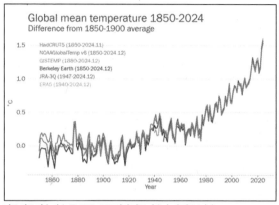

지구 평균 기온 상승 폭. 1850~1900년의 평균 기온이 y축의 0.0이다.
2024년에 1.5도를 처음으로 넘었다. 출처: 세계기상기구

1.5도가 넘으면 일어나는 일

국제 사회는 기후 재앙을 막기 위해 지구 기온 상승 폭을 산업화 이전 대비 1.5도 이내로 제한하자는 약속을 했습니다. 2015년에 체결한 파리기후변화협약입니다. 많은 연구자는

1.5도를 초과하면 해양 순환 시스템 붕괴, 북방 영구 동토층의 급격한 해빙, 열대 산호초 생태계 붕괴 등 여러 가지 기후적 전환점이 일어날 수 있다고 경고합니다.

그럼, 지난해 지구 기온 상승 폭이 1.5도를 넘었으니 올해부터 재난 영화 같은 대형 사건이 갑자기 급증하는 걸까요? 그렇지는 않습니다. 안토니우 구테흐스 유엔 사무총장도 "지난해 1.5도 한계를 초과했다고 해서 장기 목표에서 실패했다는 건 아니다"고 말합니다. 구테흐스가 지적한 대로 "다만 목표 달성을 위해 더 열심히 싸워야 한다는 것을 의미"합니다.

지구 기온 상승 폭은 20년 평균으로 계산합니다. 한두 해의 이상 기후가 통계를 왜곡하지 않도록 하기 위해서입니다. 예컨대 많은 과학자가 지난해 지구 기온 급등의 원인으로 2023년 중반에 시작돼 2024년 5월까지 이어진 엘니뇨를 지목합니다. WMO는 2024년 기준으로 장기적 지구 온도가 산업화 이전보다 1.3도 정도 높아졌다고 보고 있습니다. 즉 특정 개별 연도에 1.5도를 넘었다고 해서 파리협정의 목표가 깨진 것도 아니고 세상이 당장 끝나는 것도 아닙니다.

그러나 위험은 분명히 다가오고 있습니다. 지구가

점점 더워져 20년 평균 기온이 1.5도 한계를 넘으면 수많은
과학자가 경고한 비가역적인 기후의 전환점이 찾아올 수
있습니다. 아직 잡히지 않고 있는 미국 LA의 산불, 국토의
3분의 1이 물에 잠겼던 파키스탄 홍수, 이탈리아를 강타했던
국지성 호우와 가뭄, 아프리카 동남부를 휩쓴 사이클론 같은
'역대급' 재난이 세계 각지에서 일상이 될 수 있습니다.

앞으로 9년

굳이 '희망 회로'를 돌려 보자면 그래도 기대되는 구석이
있기는 합니다. 2023년에도 지구 기온이 산업화 이전 대비
1.48도 올랐지만, 많은 사람이 기억하지 못합니다. 그러나
2024년 1.55 상승은 파리협정에서 정한 한계점을 처음으로
넘긴 사건이라 더 큰 경각심을 불러일으킬 수 있습니다.
0.07도의 차이지만 인간은 상상력의 동물이니까요. 올해 11월
브라질에서 열리는 유엔기후정상회의에서 전보다 강력한
합의가 나올 수도 있습니다.

　　　　우려도 있습니다. 1.5도를 넘겼다는 소식이 세계
각국 정상에게 경각심을 갖게 해서 더 강력한 기후 정책을
추진하게 할 수도 있지만, 기후 위기 부정론자들에겐 기후

위기가 실재하지 않는다는 방증처럼 쓰일 수도 있습니다.
과학자들이 그토록 경고하던 1.5도를 넘겼지만 — 20년 평균
기온 같은 복잡한 설명은 생략하고 — '이거 봐라, 천지개벽할
일은 일어나지 않았다' 하는 논리가 나올 수 있습니다. 아마
트럼프가 그런 말을 할 수 있겠죠.

　　　유엔 사무총장은 개별 연도의 실패가 파리협정의
실패를 의미하지는 않는다고 했지만, 사실 파리협정에서
정한 약속은 지난해를 기점으로 달성하기 어려워졌습니다.
굳이 복잡한 기후 예측 모델을 돌려 보지 않아도 어림할
수 있습니다. 지구 기온 상승 폭이 2024년에 처음으로
1.5도를 넘었으니 2024년을 20년 기간의 중간점으로
잡아 단순 계산하자면, 현 추세가 이어지면 2033년에
20년(2014~2033년) 평균 기온이 1.5도 한계를 넘게 됩니다.

　　　기상 관측 이래 지구가 가장 더웠던 10개 연도에는
지난 10년이 모두 포함됩니다. 우리는 이미 반환점을
돌았습니다. 대응할 시간은 9년 남았습니다.

트럼프는 다보스 포럼을 휘어잡았습니다. 다보스 현장에는
존재하지도 않았는데 말이죠.

한국이 긴 연휴를 시작하던 2025년 1월 24일, 스위스 다보스에서는 세계경제포럼(World Economic Forum)이 폐막했습니다. '다보스 포럼'이라는 이름으로 더 잘 알려져 있죠. 최근 몇 년간, 이 포럼의 존재감이 이렇게 희미하게 느껴진 적이 있었나 싶습니다. 아마도 뉴스에 오를 기삿거리가 너무 많았기 때문일 겁니다. 그럼에도 스위스의 그 작은 마을에 모여든 사람들은 이 세계의 '규칙'을 만드는 사람들입니다. 그리고 포럼에서는 그들이 그려 둔 올 한 해의 밑그림이 조각조각 공개됩니다. 여전히 다보스 포럼에서 어떤 이야기가 오갔는지 들여다볼 필요가 있습니다.

2025년 1월 24일 스위스 다보스에서 열린 2025년 세계경제포럼 연차 총회. 사진: 세계경제포럼

디스토피아: 가짜 뉴스와 기후 위기의 미래

다보스 포럼은 총회에 앞서 주요 보고서를 먼저 발표합니다.
이 보고서의 내용을 기반으로 포럼에서 다양한 세션과
논의가 이루어집니다. 올해에는 총 네 종류의 보고서를
내놓았습니다. 주제는 각각 '세계적 협력', '미래 일자리
전망', '사이버 보안 전망', '세계적 위험' 등이었습니다. 이
중에서 가장 눈에 띄는 것은 역시 세계적 위험 보고서입니다.
2006년부터 시작되었으니 20년 동안 이 세계의 위험을 매년
선정하여 발표해 온 겁니다. 전 세계 기업, 정부, 국제기구,
학계, 시민 단체 등에서 전문가 900명을 추려 설문조사를
하는 방식입니다.

먼저 2년 후인 2027년까지의 단기적 위험 순위를
보죠. 1위가 '허위 정보 및 가짜 뉴스(Misinformation
and disinformation)'입니다. 원인은 당연히 생성형 AI의
발전이고요. 가짜 뉴스를 만들기가 참 쉬워졌습니다. 영상을
쉽게 조작할 수 있게 된 것은 물론이고 이제는 가짜 뉴스를
자동으로 생성할 수 있게 되었으니까요. 게다가 AI를
기반으로 한 알고리즘은 가짜 뉴스를 더 빠르게, 더 멀리
퍼뜨리고 있습니다. 알고리즘에 올라타면 인플루언서가 될

수 있고, 돈을 벌 수 있지요. 마찬가지입니다. 알고리즘에 올라타면 정치적 영향력을 가질 수 있습니다. 가짜 뉴스의 힘이 더 커집니다.

그 뒤를 이은 것은 '극단적 기후 현상(Extreme weather events)'입니다. 그리고 이 항목은 10년 후인 2035년을 가정하는 장기적 위험 1위로 꼽히기도 했습니다. 당연히 2년 후보다 10년 후 기후는 더 강한 위협이 될 겁니다. 인류가 그사이에 생각을 바꾸지 않는다면 말이지요. 10년 후의 위험 2위와 3위도 비슷한 맥락입니다. 각각 '생물 다양성 붕괴(Biodiversity loss and ecosystem collapse)', '지구 시스템의 급격한 변화 (Critical Change to Earth Systems)'가 꼽혔습니다. 그리고 보고서는 이 문제들이 단순한 환경 이슈가 아니라고 지적합니다. 예를 들어 극단적 기후 현상은 사회적 불평등을 심화합니다. 재난은 늘 낮은 곳으로 흐르니까요. 경제적 영향도 만만치 않습니다. 얼마 전 LA 산불로 지역 보험 업계가 고사할 위기라는 소식도 전해 졌죠. 이런 문제들이 쌓이면 지역 간 갈등이 되고, 때로는 내전이 되어 난민이 발생합니다. 당장의 홍수를 막느냐의 문제가 아닙니다.

이밖에, 눈에 띄는 것이 장기적 위험 7위와 8위로

꼽힌 '불평등(Inequality)'과 '사회적 양극화(Societal Polarization)' 부분입니다. 보고서는 관련해서 한국을 직접적으로 언급합니다. 일본과 한국, 이탈리아, 독일 등과 같이 고령화를 심각하게 겪고 있는 국가들이 이러한 격차 문제에 있어 더욱 취약하다고 지적한 겁니다. 예를 들면 연금 문제 같은 것이 그 원인입니다. 우리나라를 포함한 많은 국가는 연금 시스템을 설계할 때 청년층 인구 비율이 높은 경우를 상정했습니다. 따라서 기존의 연금 체계는 지속하기 힘들죠. 결국, 이대로라면 젊은 노동 인구가 고령층의 연금을 부담해야 하는 구조가 됩니다. 당연히 갈등이 쌓이게 됩니다. 이 위험을 우리도 너무나 잘 알고 있습니다. 이걸 정치가 제대로 해결하지 못해 문제일 뿐이지요.

새로운 경제학: 제재 전쟁

하지만 올해 포럼에서는 이 보고서가 제시한 미래의 위협보다는 한 인물의 연설에 시선이 쏠렸습니다. 바로 도널드 트럼프 대통령입니다. 올해 다보스가 상대적으로 주목을 덜 받았던 이유가 트럼프 대통령의 취임식과 겹친 일정 때문이라고 보는 시각도 있을 정도니 말입니다. 실제로 트럼프는 다보스를 휘어잡았습니다. 다보스 현장에는 존재하지도 않았는데 말이죠. 모두 트럼프가 몰고 올 새로운 관세의 시대에 관해 이야기했습니다. DEI(Diversity, equity, and inclusion) 정책의 후퇴에 관해서도 걱정했고요. 그리고 그 우려는 트럼프의 화상 연설로 현실이 되었습니다.

다보스에 모인 사람들은 전 세계 유수 기업의 최고 경영진이며, 각 국가의 지도자입니다. 트럼프는 그들을 향해 대놓고 '협박'을 했습니다. 이제 체면을 차리던 시대는 끝났습니다. 규칙은 깨지고 실험이 용인되는 시대가 도래했습니다. 그 실험은 미국이 시작했고 여기에 동참하지 않는 국가와 기업은 보복을 당하게 될 겁니다. 작게는 관세로, 크게는 제재로 말이죠.

트럼프의 연설 내용을 구체적으로 살펴보죠. 먼저, 전 세계 기업을 향해 이야기했습니다. '미국에서 제품을 생산하면 지구상에서 가장 낮은 세율을 적용하겠다'고 밝혔습니다. 여기까지는 제안입니다. 그러나 '그렇지 않다면 관세를 감당해야 할 것'이라는 얘기는 협박입니다. 트럼프는 수천억 달러, 심지어 수조 달러를 미국 재무부에 납부하게 될 것이라고 단언했습니다. 1930년대 대공황 이후, 미국 중심의 경제 체제가 완성되면서 관세는 경제에 해롭다는 인식이 경제학의 주류로 자리 잡았습니다. 하지만 트럼프가 등장하면서 변화가 감지됩니다. 예를 들어, 뱅크 오브 아메리카의 CEO는 "관세가 '적당히' 작동한다면 기업이 감당해야 할 규제 부담이 낮아져 관세 부담을 상쇄할 수 있을 것"이라는 의견을 내놓았습니다. 또, JP 모건의 제이미 다이먼 CEO는 국가 안보에 도움이 된다면 인플레이션은 어느 정도 감당할 수 있다고 이야기했죠.

올해 다보스 포럼은 트럼프 2기 행정부를 '정치 및 경제 질서의 변곡점'으로 봐야 한다는 경제학자들의 전망을 내놨습니다. 분석에 참여한 학자 중 61퍼센트가 트럼프 2기는 이 세계에 장기적인 변화를 초래할 것으로 봤죠. 정치가들도 비슷한 생각을 하는 것 같습니다. 하비에르 밀레이 아르헨티나 대통령은 주류 경제 이론을 대놓고 비난했습니다. "모든 글로벌 리더들이 각본에서 벗어나야 할 때"라는 것입니다. 우르줄라 폰데어라이엔 EU 집행위원장은 이번 포럼에서 지난 25년간 유럽은 경제 성장을 세계 무역의 증가세와 러시아의 값싼 에너지에 의존해 왔다면서 "이제 그런 시대는 지났다"고 이야기했습니다.

AI: 시간과의 경쟁

새로운 시대의 충격파를 정면으로 맞은 올해 다보스 포럼,
정작 주제인 '지능형 시대를 위한 협력(Collaboration for the
Intelligent Age)'에 관해서는 관심이 크지 않았던 것 같은
인상입니다. 트럼프라는 씬 스틸러가 워낙에 강력하기도
했고, 프론티어 AI 기업의 수장들이 트럼프의 취임식에
참석하느라 다보스까지 날아오지 못한 탓도 있었죠. 하지만
여전히 AI는 다보스에서도 중요한 주제였습니다. 단, 이
시대를 '지능형 시대'라고 정의했다는 점에서 엿보이듯, AI는
이제 변수가 아니라 상수였습니다. 특히 눈길을 끌었던 것은
메타의 AI 수석 과학자로 오픈소스 AI계를 이끌고 있는 얀
르쿤의 발언입니다.

얀 르쿤은 향후 3년에서 5년 사이, 계획을
체계적으로 수립해 행동할 수 있는 AI가 등장할 것으로
전망했습니다. 사실, 글로 세계를 배운 AI 모델이 인간의
몫을 충분히 대체할 수 있기란 힘들 겁니다. 제한된 영역에서
전문성을 가질 수는 있겠지만요. DeepSeek의 R1 모델이나
오픈AI의 o1, o3 모델은 추론 시간을 늘려 성능 개선을
꾀하지만, 이걸로는 부족하다는 것이 얀 르쿤의 생각입니다.

물리적인 세계를 기억하고, 기억을 지속하며 이를 바탕으로
추론하고, 복잡한 계획을 수립할 수 있는 능력을 갖춘
차세대 AI는 현재 생성형 AI 모델의 근간이 되는 트랜스포머
아키텍처로는 실현하기 힘듭니다. 그래서 완전히 새로운
AI의 등장이 필연적이라는 얘기죠. 그리고 그제야 진정한 AI
에이전트 시대가 열린다는 겁니다.

다만, 마냥 낙관하기만은 어려울 것 같습니다. 요슈아
벤지오 교수는 AI 에이전트의 위험성을 강조했습니다. AGI나
초지능과 관련된 모든 부정적인 시나리오는 에이전트가
있을 때 발생한다는 것이지요. 쉬이 납득이 가는 주장입니다.
거칠게 표현하자면 AI 에이전트는 인간의 자유 의지를
외주화하는 꼴이 될 수도 있겠습니다. 처음에는 반복적이고
간단한 일일 겁니다. 쇼핑 리스트를 짜는 일 같은 것 말입니다.
하지만 그 범위는 자연스럽게 확장할 수 있습니다. 결국
핵미사일의 스위치를 누를 것인가까지 AI가 결정하게 되는
이야기도 현실화할 가능성이 있죠.

다보스: 우리는 죄를 지었다

기술은 무서운 속도로 발전하고 있지만, 현장에서는

AI를 실무에 활용하는 데에 어려움을 겪고 있죠. AI 에이전트야말로 효율성과 생산성을 높일 수 있는 궁극의 도구입니다. 다만, 또 다른 미래의 위험 요소가 될 수 있다면 자세히 들여다보고 따져봐야 하겠죠. 석학의 경고를 그저 지나쳐서는 안 될 겁니다.

뵈르게 브렌데 다보스 포럼 총재는 "불확실성의 시대를 맞아 세계를 더 좋은 방향으로 만들 방법을 논의했다"라고 폐회사에서 밝혔습니다. 하지만 저는 이 시대가 얼마나 불확실한지, 어떻게 불확실한지를 여실히 보여주는 포럼이었다고 평가하고 싶습니다.

메시아 콤플렉스에 빠진 세계 최강대국의 새 지도자는 구원과
해방에 거래를 접목합니다.

도널드 트럼프가 1월 20일 제47대 미국 대통령으로 취임했습니다. 이날 워싱턴DC 연방 의회 의사당 중앙홀에서 취임식이 열렸습니다. 트럼프는 40분간 진행한 취임 연설에서 "미국의 황금시대가 지금 시작됩니다"고 했습니다. 미국이 머지않아 그 어느 때보다 "더 위대하고, 더 강하고, 더 특별한" 나라가 될 것이라고도 했죠. 트럼프는 미국이 "오늘부터 변할 것이고, 매우 빠르게 변할 것"이라고 했습니다.

실제로 트럼프는 취임 첫날부터 행정 명령을 쏟아내고 있습니다. 바이든이 서명했던 행정 조치와 행정 명령 78개를 폐지하고, 트럼프 2기 정부가 행정부를 완전히 통제할 때까지 공무원 신규 고용을 중단하고, 파리기후변화협정에서 재탈퇴하는 행정 명령에 서명했습니다. 2021년 1월 6일 의사당 폭동 사태 가담자 1500명도 사면했습니다. 트럼프는 예고한 대로 엄청난 속도로 전임 정부의 흔적을 지우고 있습니다.

아찔하게 쏟아지는 행정 명령을 보며 앞으로 4년간 워싱턴발 경마식 보도가 뉴스 사이트를 가득 채우겠구나, 하는 생각을 했습니다. 작은 변화들만 쫓다가 큰 줄기를 놓칠 수 있겠다는 생각도 들었고요. 그래서 트럼프의 취임사를 뜯어보기로 했습니다. 대통령의 연설은 국정 운영 방향을 선언하고 국민을 설득하는 고도의 정치 행위이자 정치적 의제 설정의 핵심 수단입니다. 의제가 설정되고 확산하는 과정에서 말과 글, 즉 담론이 핵심 역할을 합니다.

대통령이 연설에서 어떤 단어를 사용하고 어떤 프레임을 씌우느냐에 따라 국정 운영에 대한 국민의 평가가 달라질 수 있습니다. 더구나 취임식 연설이니 트럼프와 참모진 모두 특별히 더 신경을 썼겠죠. 트럼프가 취임사에서 사용한 단어는 약 2900개입니다. 국문으로 번역하면 A4 6장 분량입니다. 취임사를 꼼꼼히 살펴보면 오늘내일 쏟아질 행정 명령보다 긴 호흡으로 트럼프 2기를 전망할 수 있을지 모릅니다.

그럼, 지금부터 트럼프 대통령의 취임사를 통해 트럼프 집권 2기의 국정 운영 기조를 살펴봅니다.

도널드 트럼프 제47대 미국 대통령 취임 직후 달라진 백악관
홈페이지의 첫 화면. 출처: 백악관

미국 우선주의

트럼프는 취임사 전반에 걸쳐 우리(미국)와 그들(외국)을
대비했습니다. we(우리), our(우리의), American(미국인)
등 공동체의 정체성을 상기시키는 단어를 자주 쓰며
민족주의적 메시지를 던졌습니다. 특히 America(미국)와
American(미국인)을 합해 총 41회 사용했습니다.
nation(국가)도 20번이나 썼습니다. 집권 1기와의 차이라면
당시 트럼프에게 민족이란 백인 집단을 뜻했습니다. 그런데
2기에서는 그 민족이 — 트럼프를 지지하는 — 흑인과
히스패닉계로 확장될 수 있습니다.

취임사에서 트럼프는 흑인과 히스패닉계를 콕
찍어 자신에게 투표해 줘서 감사하다고 했습니다. 실제로
지난 대선에서 히스패닉 유권자의 46퍼센트가 트럼프를
지지했습니다. 2020년 대비 14퍼센트포인트 급증했죠. 불법
이민자를 추방해 히스패닉계 미국인의 일자리를 지키고
경제를 살리겠다는 주장이 먹힌 겁니다. 트럼프의 확장된
민족주의와 미국 우선주의는 1기보다 더 철저하면서도 더
이중적인 외교·안보·무역·이민 정책을 예고합니다.

정부 개혁

트럼프는 "역사적인 행정 명령을 연이어 발표할 것"이라고 했습니다. 미국의 상식을 회복하기 위해 신속하고 과감한 행동에 나서겠다고 했죠. 트럼프는 country(국가)와 nation(국민)을 전면에 내세우고 government(정부)의 무능과 부패를 부각했습니다. 즉 국가와 국민을 위해 정부를 확 바꾸겠다는 뜻입니다. 트럼프는 이전 정부를 비판하는 동시에 자신만이 정부를 바꿀 유일한 적임자라는 이미지를 만들고 있습니다.

트럼프가 정부를 싫어하는 이유는 크게 두 가지입니다. 집권 1기 때 공무원들이 말을 안 들어서 국정 운영에 속도가 나지 않았다고 생각합니다. 또 지난 4년간 정적 바이든이 법무부와 연방수사국(FBI)을 동원해 자신에게 정치 보복을 가했다고 생각합니다. 트럼프가 사법 시스템의 당파성과 무기화를 종식하겠다고 말해서 정치 보복을 하지 않겠다는 선언처럼 들리기도 하지만, 사실 그 말이 더 무섭습니다. 바꿔 말하면 당파적이고 무기화된 법무부를 대수술하겠다는 소리입니다. 교육, 보건 분야도 큰 변화가 예상됩니다.

국경 봉쇄

트럼프는 취임사에서 "남쪽 국경에 국가 비상사태를 선포할 것"이라고 했습니다. 남쪽 국경이란 미국 남부와 멕시코의 국경 지대입니다. 중남미 이민자들이 이 루트를 통해 미국으로 들어오는데, 여길 틀어막겠다는 거죠. 집권 1기 때 트럼프에게 불법 이민자가 성폭행범이자 마약 범죄자였다면, 2기에선 "위험한 범죄자, 교도소와 정신병원 출신"인데다 "재앙적인 침략"자입니다.

트럼프 2기의 반이민 정책은 '범죄·테러와의 전쟁' 수준으로 격상될 전망입니다. 트럼프는 멕시코 접경 지역에 군대를 파견하기로 했습니다. 단순히 불법 이민을 막는 게 아니라 국경을 방어하겠다고 했는데, 인권 단체들의 반발에 대비해 안보 논리를 내세우는 것으로 보입니다. 불법 이민자 추방이 아니라 미국 국민 보호라는 프레임을 씌우는 것이죠. 또한 트럼프는 집권 1기 때 도입했던 멕시코 잔류 정책을 복원하고, 바이든 정부가 시행했던 불법 이민자에 대한 체포 후 석방(catch and release) 정책을 폐기하기로 했습니다.

보호 무역주의

트럼프는 취임 전부터 관세 폭탄을 예고해 왔습니다. 모든 나라에 10~20퍼센트의 기본 관세를 매기고, 중국에는 60퍼센트의 추가 관세를 부과하겠다고 했죠. 취임사에서 관세에 대한 언급은 두어 줄 정도에 그칩니다. 무역 시스템을 전면 개편해서 "외국에 관세와 세금을 부과할 것"이라고 했죠. 그러고는 정부 개혁이나 반PC를 말하다가 갑자기 "위대한 대통령 윌리엄 매킨리"를 거론합니다. 매킨리의 이름을 따서 명명한 알래스카의 매킨리산을 과거 오바마가 원주민 언어를 존중해 데날리산으로 이름을 바꿨는데, 이걸 다시 매킨리산으로 돌려놓겠다고 했죠.

그런데 매킨리는 상원의원 시절인 1890년 미국 관세를 역사상 최고율인 평균 50퍼센트로 올리는 관세법을 만든 인물입니다. 트럼프는 그 시절 미국이 고관세를 부과해서 역사상 가장 부유했다고 믿습니다. 멀쩡한 산의 이름까지 바꿀 정도로 고관세 정책에 확신을 갖고 있는 거죠. 트럼프는 취임사에서 관세 징수를 위해 대외수입청(External Revenue Service)을 설립하고 있다고 했는데, 대통령의 즉흥적인 말 한마디로 관세가 매겨지면 동맹국이라도 가만히 있지 않겠죠. 고관세를 부과하는 논리와 행정 절차를 만들어 외국 정부의 반발을 다소 누그러뜨리려는 것으로 보입니다.

에너지와 기후 정책

트럼프는 취임사에서 "드릴, 베이비, 드릴(drill, baby, drill)"을 선언했습니다. 석유와 가스 시추를 적극적으로 추진하겠다는 뜻입니다. 트럼프는 바이든의 그린 뉴딜을 폐기하고, 전기차 의무화 정책(electric vehicle mandate)도 없애기로 했습니다. 그런데 사실 전기차 의무화 정책이라는 이름의 정책은 없어서 친환경차 우대 정책이나 배기가스 규제를 축소할 것으로 보입니다. 트럼프는 인플레이션이 방만한 정부 지출과 에너지 가격 상승에서 기인한다고 생각합니다. 그래서 국가 에너지 비상사태를 선포하겠다고도 했죠. 간단히 말하면 화석 연료를 최대한 활용하자는 겁니다.

트럼프는 미국이 다시 제조업 강국이 될 것이라 주장하는데, 다른 제조업 강국에는 없는 것이 미국에는 있기 때문이라고 말합니다. 석유와 가스입니다. 미국은 기후 위기에 책임이 가장 큰 나라입니다. 산업화 이후 현재까지 미국의 이산화탄소 누적 배출량은 전 세계 누적 배출량의

24.6퍼센트로 압도적인 1위입니다. 그런 나라가 화석 연료를 펑펑 쓰겠다, 파리협정에서 탈퇴하겠다, 이렇게 말하고 있습니다. 트럼프 2기의 기후 정책은 국제 사회의 합의를 지키지 않는 것입니다. 단일 연도로 이산화탄소 배출을 가장 많이 하는 나라인 중국에도 뭐라 할 수 없겠죠.

미국식 제국주의

트럼프는 영토 확장도 언급했습니다. 멕시코만의 이름을 아메리카만으로 바꾸고, 파나마 운하를 미국이 통제해야 한다고 했죠. 그런데 뉘앙스가 남의 것을 뺏는 것이 아니라, 원래 우리 것이었거나 우리가 가질 자격이 있는 것을 돌려받겠다는 식입니다. 트럼프식 제국주의는 부당한 역사를 바로잡겠다는 서사를 만들어 지지층의 호응을 끌어내려 합니다. 특히 연설 후반부에 'manifest destiny(명백한 운명)'라는 표현이 등장하는데, 19세기에 미국 정착민이 서부를 개척할 때 등장한 개념입니다. 쉽게 말해 미국인은 북미 대륙을 지배할 운명을 타고났다는 소리입니다. 그렇게 미국인은 서부와 남부를 합병하고 멕시코 땅까지 뺏었죠.
  트럼프는 이 개념을 북미 대륙을 넘어 우주에도

투영합니다. 다시 미국의 부를 늘리고, 영토를 확장하고, 화성에 성조기를 꽂겠다는 겁니다. 트럼프는 19세기 개척 정신을 소환해 과거의 제국주의적, 팽창주의적 향수를 자극하는 내러티브를 구축하고 있습니다. 앞서 트럼프는 관세를 운운하며 매킨리 대통령을 거론했는데요, 매킨리 임기 중에 미국은 스페인과의 전쟁에서 승리해 쿠바, 푸에르토리코, 필리핀, 괌을 얻었습니다. 미국식 제국주의의 문을 연 사람이죠. 트럼프식 팽창주의는 중국과 러시아에 잘못된 메시지를 던지는, 변형된 형태의 먼로주의로 발전할 수 있습니다.

고립주의와 선택적 개입

취임사에서 읽히는 트럼프 2기의 외교·안보 기조 중 하나는 고립주의와 선택적 개입입니다. 먼저, 트럼프는 이전 정부가 "외국 국경 방어에는 무제한으로 돈을 쓰면서 미국 국경 방어에는 소홀"했다고 비판했습니다. 또 "(다른 나라에) 더는 이용당하지 않을 것"이라고도 했는데, 미국 국익에 부합하지 않는 국제 분쟁 개입은 최소화하겠다는 말입니다. 또 "가장 강력한 군대를 구축할 것"이라면서도 "우리가 개입하지 않은 전쟁을 통해 우리의 성공을 측정할 것"이라고 말해, '힘을 통한 평화' 노선을 드러내고, 끌려 들어가는 전쟁은 피하는 선택적 개입의 기조를 재확인했습니다.

트럼프는 ─ 자신이 중재한 평화 협상 덕분에 ─ 며칠 전에 하마스가 이스라엘에 인질을 돌려보냈다면서 자신은 "평화주의자이자 통합가"가 되기를 원한다고도 했습니다. 무척 아름다운 말이지만, 동맹이나 다자 협력을 통해 해법을 찾기보다는 양자 협상을 통해 미국의 이익을 극대화하겠다는 뜻입니다. 거래의 달인답습니다.

문화적 보수주의

트럼프는 연설에서 "공적, 사적 생활의 모든 측면에서 인종과 성별을 사회적으로 조작하려는 정책을 종식시킬 것"이라고 했습니다. 최근 몇 년간 미국에서 추진돼 온 다양성·형평성·포용성(Diversity, Equity & Inclusion, DEI) 정책이나 적극적 우대 조치(affirmative action)를 사실상 부정했습니다. 트럼프는 인종을 불문하고 능력에 따라 평가받는 사회를 만들겠다고 했는데, 구조적 차별의 개선책을 불필요한 특혜로 몰아갈 위험이 있습니다. 또한 트럼프는 "오늘부터 미국 정부는 공식적으로 남성과 여성, 두 성만 인정합니다"라고 했습니다. 학교에서 '비판적 인종 이론(critical race theory)'을 교육하는 것을 중단시킬 의사도 비쳤죠.

트럼프 2기에서 문화 전쟁은 더욱 치열해질 전망입니다. 그리고 이 전쟁은 미국 내부에서만 벌어지진 않을 겁니다. 서유럽과 캐나다 같은 미국 동맹국들에선 LGBTQ, 인종과 문화의 다양성, 권리 신장 등에서 진보적 가치가 주류를 이루고 있습니다. 트럼프 2기가 문화, 사회 영역에서 강경 보수주의를 앞세우면 미국 내 전통적 기독교 보수층과 백인 복음주의자에겐 지지를 받을지 몰라도 동맹국들과 가치 측면에서 더욱 멀어질 수 있습니다.

역사적인 속도

트럼프가 취임식에서 공언한 일들이 완료되면 "미국의 황금시대가 시작"됩니다. 연설 첫머리부터 이 말이 나오죠. 트럼프는 연설 중간중간에도 미국이 곧 "더 강해질 것"이라는 비전을 제시합니다. 현재의 위기를 열거하는 동시에 자신만이 이 위기를 극복할 수 있다고 주장하는 트럼프 특유의 정치적

수사입니다. 지지자의 결집을 유도하는 전략이기도 합니다.

트럼프 취임사에서 특징적인 것은 미래 시제인 will이 자주 등장한다는 겁니다. 취임사 2900여 단어에서 will이 93번 쓰였습니다. 바이든 취임사에선 28번밖에 나오지 않은 말입니다. 트럼프는 '무엇을 하겠다'는 구체적 행동 의지와 약속을 반복해서 사용하며 청중에게 강력한 추진력을 어필하고 있습니다. 실제로 트럼프는 취임 전날인 1월 19일에 열린 MAGA 집회에서 "역사적인 속도와 힘으로 행동하겠다"고 했죠. 달리 말하면, 제대로 된 참모도 없이 덜컥 당선됐던 집권 1기와 달리 지난 4년간 MAGA 싱크탱크 등에서 준비한 정책들을 빠르게 추진하겠다는 겁니다. 트럼프 2기가 1기보다 더 무서운 이유입니다.

메시아 콤플렉스

트럼프는 취임사에서 펜실베이니아에서 암살당할 뻔한 이야기도 꺼냈습니다. 암살자의 총알이 귀를 스쳤지만 살아남았다는 에피소드를 언급하며 "하나님이 나를 살려 미국을 다시 위대하게 만들려고 한 것"이라는 식으로 종교적·운명적 서사를 강조했습니다. 트럼프는 대선 승리를

"역사적인 정치적 복귀"라고 부르며 자기 자신을 "불가능을 가능하게 한 살아 있는 증거"로 제시합니다. 트럼프의 연설에서 자주 보이는 특징인데, 종교적·영웅적 서사를 통해 지지층에 대한 카리스마적 호소와 결집력 강화를 유도합니다.

트럼프의 취임사를 통해 들여다본 트럼프 2기의 국정 운영 방향을 종합하자면, 트럼프 2기는 1기보다 더 선명한 MAGA 기조 속에서 더 강하고 더 빠르게 행동할 것으로 보입니다. 독트린 같은 것은 없습니다. 미국의 이익에 가장 부합하는 정책을 추진할 뿐입니다. 경제적으로 인프라, 에너지, 방위 산업 투자 등으로 인해 단기 호황이 있을 수 있지만, 중장기적으로 가치 동맹이 퇴조하고 각자도생하는 국제 질서가 들어설 것입니다.

한마디로, 메시아 콤플렉스에 빠진 세계 최강대국의 새 지도자는 구원과 해방에 거래를 접목합니다. 좋게 말해 온화하고 나쁘게 말해 무르다는 평가를 받는 바이든이 메시아적 자기 인식을 가졌다면 인류애로 똘똘 뭉쳐 국제 사회가 그야말로 '위 아 더 월드'가 될 수 있었겠죠. 트럼프는 다릅니다. 트럼프가 줄 수 있는 구원은 선택적 구원입니다. 누군가는 천국을, 누군가는 지옥을 맛볼 수밖에 없습니다.

올라프 숄츠 연립 정부가 무너졌습니다. 독일이 직면한 정치 위기의 연원을 따라가면 러시아산 천연가스가 있습니다.

동독이 베를린 장벽을 세운 1961년, 빌리 브란트는 서베를린 시장이었습니다. 베를린을 동서로 가르는 장벽은 처음에는 철조망이었습니다. 며칠 뒤 벽돌담이 세워졌고, 몇 달 뒤에는 3.6미터 높이의 콘크리트 장벽이 들어섰습니다. 감시탑을 지키는 동독 경비병은 서베를린으로 가기 위해 장벽을 넘는 사람에게 총격을 가했습니다. 동서 교류와 화합을 외쳤던 브란트는 장벽 건설을 좌절 속에서 지켜볼 수밖에 없었습니다.

1961년경 베를린 장벽을 세우고 있는 동독 군인. 출처: Hellebardius

당시 브란트가 속했던 사회민주당(사민당, SPD)은 만년 야당이었습니다. 집권당은 콘라트 아데나워 총리가 이끄는 기독교민주연합(기민련, CDU)이었죠. 철저한 반공주의자였던 아데나워는 동독을 포함한 공산권을 강하게

압박했습니다. 동독을 국가로 인정하지 않았고, 동독과
수교한 국가와는 외교 관계를 끊겠다는 할슈타인 원칙을
공식화했습니다. 그러나 브란트는 아데나워의 강경책이
동독과 소련을 자극해 전쟁 위험을 높인다고 봤죠.

빌리 브란트의 동방 정책

1960년대 베를린은 미·소 냉전의 최전선이었습니다. 베를린
장벽을 사이에 두고 서쪽에는 미국, 영국, 프랑스가, 동쪽에는
소련이 병력을 배치했습니다. 양측 탱크가 베를린 도심에서
대치하는 사건도 벌어졌죠. 상황이 험악했지만, 아데나워
총리는 공산주의자들과 한 테이블에 앉아 협상할 마음이
없었습니다. 할슈타인 원칙을 스스로 지킨 셈입니다. 총리는
손 놓고 있고 오히려 시장이었던 브란트가 미국, 영국, 프랑스,
소련의 지도자와 만나 베를린 위기를 해결하려 합니다.

　　　1963년 존 F. 케네디 미국 대통령은 서베를린을
방문해 쇠네베르크 시청 앞에서 "나는 베를린
시민입니다"라는 역사적인 연설을 합니다. 당시 케네디를
보러 40만 인파가 운집해 있었는데, 케네디 옆에 브란트가
있었습니다. 브란트는 엄청난 후광 효과를 입게 되죠. 실제로

브란트는 케네디의 인기를 의식해 사민당 당수 선거에서 자신을 "독일의 케네디"로 포장하기도 합니다. 둘은 네 살 차이밖에 나지 않습니다. 이듬해인 1964년 브란트는 사민당 당수로 선출되고, 1969년 마침내 서독 총리에 오릅니다.

총리가 된 브란트는 동독, 폴란드, 소련 등 동쪽의 공산주의 국가들과 화해하는 '동방 정책'을 추진합니다. 폴란드 바르샤바를 방문해서는 유대인 위령탑 앞에서 무릎을 꿇고 참회합니다. 브란트는 접근을 통한 변화를 꾀했습니다. 동독과 소련을 고립시키기보다는 교류·협력해서 경제적 상호 의존성이 커지면 전쟁이 일어나지 않을 거라고 판단한 겁니다.

이러한 경제적 상호 의존성을 키우는 방안 중 하나가 바로 천연가스 수입이었습니다. 소련은 천연가스 매장량 세계 1위 국가였습니다. 전 세계 천연가스의 33퍼센트가 소련 영토 아래에 깔려 있었습니다. 1970년 서독은 소련과 천연가스 공급 계약을 맺습니다. 서독이 천연가스 파이프라인 건설 자금을 대출해 주고, 소련이 대출금을 천연가스로 상환하는 조건이었습니다.

서로 손해 볼 게 없는 장사

천연가스는 저장 방법에 따라 세 종류로 나뉩니다. LNG, CNG, PNG입니다. LNG는 기체 상태인 천연가스를 영하 161도에서 냉각해 액체로 만든 것입니다. CNG는 천연가스를 압축해 부피를 줄인 것입니다. PNG는 가스전에서 소비 지역까지 파이프라인을 설치해 기체 상태 그대로 공급하는 것입니다. PNG의 P가 파이프라인(Pipeline)입니다.

서독이 소련에서 들여온 천연가스는 PNG였습니다. 소련은 체코슬로바키아, 폴란드, 헝가리 등 동유럽 국가들에 천연가스 파이프라인을 깔아 뒀는데, 이걸 서쪽으로 연장해 서독과 오스트리아 등에 천연가스를 수출하기로 한 겁니다. PNG는 파이프라인을 설치해야 해서 초기 비용이 들지만, 한번 인프라를 건설하고 나면 LNG보다 훨씬 저렴합니다. LNG는 기체를 액체로 바꾸고 배에다 실어 운반해야 하지만, PNG는 기체 상태 그대로 보내면 되니까요.

서독은 소련산 천연가스를 저가에 이용할 수 있었고, 소련은 가스 채굴 기술을 배우고 외화도 벌 수 있어 양측 모두 손해 볼 게 없는 장사였습니다. 소련산 천연가스는 독일을 거쳐 서유럽 국가들에까지 흘러들었는데, 안정적인 가스

교역을 위해서는 파이프라인이 통과하는 국가들 사이에 긴밀한 협력이 필수적이었습니다. 결과적으로 소련산 천연가스 수입은 유럽의 경제 통합에도 긍정적 영향을 미치게 됩니다.

빌리 브란트의 동방 정책이 열어젖힌 1970년대는 데탕트의 시대였습니다. 1971년 미국 백악관 안보 보좌관이었던 헨리 키신저가 비밀리에 중국을 방문하고, 1972년 리처드 닉슨 미국 대통령이 중국에서 마오쩌둥 국가주석을 만납니다. 국제적인 데탕트 분위기 속에서 남한과 북한도 1972년에 7·4 남북 공동 성명을 발표하죠. 브란트는 서유럽과 동유럽을 화해의 길로 이끈 공로를 인정받아 1971년 노벨 평화상을 받습니다.

오일 쇼크 이후

그러다 1973년 오일 쇼크가 일어납니다. 4차 중동 전쟁에서 서방 국가들이 이스라엘의 편을 들자 중동 산유국들이 석유 금수 조치를 선언해 국제 유가가 4배 넘게 오릅니다. 오일 쇼크를 겪으며 서유럽 국가들은 에너지가 국가 경제와 안보에 직결되는 전략적 자원이라는 인식을 확고히 갖게 됩니다.

석유 의존도를 낮추고 에너지원을 다변화하기로 합니다.

프랑스는 원전 비중을 크게 늘리기로 합니다. 오일
쇼크 당시 프랑스 전력 생산에서 원자력이 차지하는 비중은
8퍼센트에 불과했지만, 이후 원전을 대폭 확대해 현재 원자력
비중은 70퍼센트 가까이 됩니다. 한편 독일은 중동산 석유
일변도에서 벗어나 원자력, 천연가스, 재생에너지 등을
혼합해 사용하는 방향으로 나아갑니다. 자연히 소련산
천연가스 수입이 늘어날 수밖에 없었습니다. 국제 정세에
따라 공급과 가격이 널뛰는 중동산 석유보다 공산주의
정권이긴 해도 공급이 안정적인 소련산 천연가스가 더 믿을
만했으니까요.

빌리 브란트 이후 취임한 서독 총리들은 동방 정책을
이어 갑니다. 사민당 정권은 물론이고 기민련으로 정권이
바뀌어도 동방 정책의 큰 틀에는 변함이 없었습니다. 특히
에너지 정책에선 소련과 점점 밀착했는데, 산업 구조상 그럴
수밖에 없기도 했습니다. 독일은 자동차, 기계, 화학, 철강
등 에너지 집약적인 제조업 분야가 발달한 나라입니다.
이 산업들은 에너지를 안정적이고 저렴하게 공급받아야
경쟁력을 유지할 수 있습니다.

서독은 값싼 소련산 천연가스에 중독된 것처럼

보였습니다. 1980년대 초반에 서독은 이미 유럽 최대의 소련산 천연가스 수입국이 됩니다. 천연가스 소비량의 20~25퍼센트를 소련에서 들여오죠. 1990년대가 되자 이 비중이 25~30퍼센트까지 올라갑니다. 소련에 대한 에너지 의존도 심화를 우려하는 사람도 있었지만, 이때까지만 해도 큰 문제는 없었습니다. 그러다 1990년대 초반과 후반에 두 개의 대형 사건이 터집니다. 1991년 소련의 붕괴, 1998년 게르하르트 슈뢰더 총리의 집권입니다.

천연가스 통과국

1991년 소련이 붕괴합니다. 소련에서 독립한 국가들이 국제 사회에 등장하면서 천연가스 공급망이 복잡해집니다. 러시아에서 독일로 향하는 천연가스 파이프라인이 우크라이나, 벨라루스, 몰도바 같은 독립국을 지나게 됩니다. 과거에는 다 소련 땅이었기 때문에 문제가 없었지만, 이제 남의 나라 땅을 지나게 된 겁니다. 천연가스 수출국(소련)과 수입국(독일 등 유럽 국가)만 있던 관계에 파이프라인 통과국이 끼게 되죠.

그러면서 우크라이나의 지정학적 가치가

상승합니다. 당시 러시아와 유럽을 연결하는 천연가스
파이프라인의 70~80퍼센트가 우크라이나를 거쳤습니다.
우크라이나는 파이프라인을 지나가게 해주는 대가로
천연가스를 다른 국가보다 싸게 쓰고, 러시아로부터 통행료도
받았습니다. 가스 요금과 통행료 협상 과정에서 러시아와
우크라이나는 자주 충돌했습니다. 러시아는 우크라이나가
가스를 중간에서 빼돌린다는 의혹도 제기합니다.

　　　그러다 2004년 11월 우크라이나에서 오렌지 혁명이
일어납니다. 2004년 우크라이나 대선에서 친러 성향의
여당 후보가 당선됐는데, 부정 선거 의혹이 불거졌습니다.
시민들은 거리로 나와 오렌지색 깃발을 흔들며 재선거를
촉구했습니다. 결국 재선거가 치러졌고 친서방 정권이
들어섭니다. 새 정권이 나토 가입을 추진하면서 러시아와의
관계가 급격히 악화합니다.

　　　그러자 푸틴은 천연가스를 무기로 활용합니다.
2005년 연말에 러시아는 우크라이나에 공급하는 천연가스
가격을 새해부터 1000세제곱미터당 50달러에서 230달러로
올리겠다고 통보합니다. 우크라이나는 강하게 반발하면서도
80달러선까지는 수용하겠다고 합니다. 그러나 러시아는
제안을 받아들이지 않습니다. 2006년 1월 1일부터 천연가스

공급을 끊어 버립니다. 1월 4일 95달러로 협상이 타결되며 공급이 재개됐죠.

　　그해 겨울은 유독 추웠습니다. 우크라이나도 곤혹스러웠겠지만, 이 파이프라인을 통해 가스를 공급받는 서유럽 국가들도 사흘간 난리가 났습니다. 이 사태를 계기로 독일을 비롯한 서유럽 국가들은 러시아와 우크라이나 같은 파이프라인 통과국의 갈등이 에너지 안보 위기로 이어질 수 있다는 걸 알게 됩니다.

노르트스트림의 파이프라인 지도. 출처: Wikimedia Commons

노르트스트림

독일은 우크라이나를 거치지 않고 러시아에서 직접 가스를 들여오는 신규 가스 공급 노선을 구상하게 됩니다.

발트해 해저에 1200킬로미터가 넘는 파이프라인을
설치해서 러시아에서 독일로 직접 가스를 공급하는
노르트스트림(Nord stream) 프로젝트입니다.
노르트스트림은 파이프라인 두 개로 이뤄져 있습니다.
이 두 개의 파이프라인이 수송하는 가스는 연간 550억
세제곱미터입니다. 연간 유럽 천연가스 수요의 4분의 1에
달합니다.

노르트스트림 프로젝트를 주도한 독일 총리가
게르하르트 슈뢰더(1998~2005년 재임)입니다. 당시
사민당은 녹색당과 연립 정부를 구성하고 녹색당의 정책을
수용해 단계적인 탈원전 계획을 수립합니다. 독일은 원전이
세계에서 네 번째로 많은 나라였습니다. 원전을 대체할
에너지원이 필요했고, 그게 바로 천연가스였습니다.

노르트스트림 프로젝트는 탈원전 정책의 일환이기도
했지만, 슈뢰더의 사심 가득한 개인 프로젝트이기도
했습니다. 푸틴은 슈뢰더에게 형님 대접을 했는데, 슈뢰더가
절친 푸틴에게 큰 선물을 줬다는 평가가 있습니다. 사실상
러시아의 로비스트처럼 행동했던 슈뢰더는 2005년 총리 퇴임
이후에는 이 프로젝트를 추진하는 러시아 국영 가스 회사
가스프롬의 관계사에 임원으로 이름을 올리고 연간 수십억

원을 받습니다. 노르트스트림은 2011년 완공됩니다.

2005년 러시아 모스크바에서 게르하르트 슈뢰더 독일 총리(왼쪽)와
블라디미르 푸틴 러시아 대통령이 만났다. 출처: Wikimedia
Commons

슈뢰더의 사민당 이후 독일 정권은 다시 기민련이
잡습니다. 앙겔라 메르켈(2005~2021년 재임)이 총리가
됩니다. 우리에게 메르켈은 원전 폐쇄 정책으로 잘
알려졌지만, 사실 메르켈은 집권 초기에 이전 사민당 정부의
탈원전 정책을 재검토합니다. 제조업계가 경쟁력을 유지하기
위해 전기 요금이 싼 원전을 계속 운영해야 한다고 주장했기
때문입니다. 2010년 가을 메르켈은 원전 17기의 수명을
연장하는 결정을 내립니다.

그로부터 6개월 뒤인 2011년 3월 일본 후쿠시마
원전 사고가 발생합니다. 후쿠시마 사고가 발생하고 보름
뒤에 치러진 독일 남부 바덴-뷔르템베르크 주지사 선거에서

녹색당 후보가 당선되는 이변이 일어납니다. 기민련은 이 지역에서 2차 세계 대전 이후 주지사 자리를 한 번도 뺏긴 적이 없었습니다. 후쿠시마 사고로 원전 폐쇄를 주장하는 녹색당의 지지율이 급등한 것이었죠.

결국 메르켈 정부는 후쿠시마 사고를 계기로 탈원전 정책으로 돌아섭니다. 2022년 말까지 모든 원전을 폐쇄하기로 하죠. 즉 메르켈은 원래부터 원전에 반대한 게 아니라, 대중이 지지하는 탈원전 정책을 녹색당이 주도해 기민련 표를 다 가져가기 전에 태도를 바꿨다고 보는 편이 맞습니다.

당시 독일 전력 생산에서 원전이 차지하는 비중은 18퍼센트였습니다. 재생 에너지원을 늘린다 해도 부족분을 다 메울 수는 없었습니다. 그렇다고 석탄 발전을 늘릴 수도 없었죠. 대안은 역시 천연가스였습니다. 2012년 메르켈 정부는 노르트스트림2 프로젝트를 추진합니다. 기존의 노르트스트림1 바로 옆에 파이프라인을 추가로 설치해 수송량을 두 배로 늘리는 사업입니다.

노르트스트림2 프로젝트는 2021년에 완공됩니다. 메르켈 총리는 독일 제조업에 저비용 에너지를 제공하고, 러시아와 평화적 관계를 유지하기 위해 가스 거래 계약을

맺었다고 말합니다. 노르트스트림1과 2의 파이프라인은
러시아 서부 비보르크에서 시작해 발트해 해저를 지나
독일 북부 그라이프스발트에 닿는데, 공교롭게도 이 지역은
메르켈의 선거구입니다.

　　　　독일과 러시아가 노르트스트림 건설을 논의할 때
우크라이나는 강력히 반대했습니다. 독일과 러시아를 직접
연결하는 파이프라인이 개통되면 우크라이나를 경유하는
파이프라인의 역할이 줄어들 것이고, 결국 러시아가
우크라이나를 침략할 수 있다는 이유였습니다. 또 프랑스와
함께 EU의 중심축인 독일이 러시아산 천연가스에 의존하게
되면 EU 차원의 대러 제재에 한목소리를 내기 어려워진다고
주장했죠. 그러나 독일과 러시아는 순수하게 경제적인
프로젝트라며 사업을 밀어붙입니다.

러시아의 덫에 걸린 독일

우크라이나의 우려는 현실이 됐습니다. 우크라이나가 나토
가입을 계속 추진하자 2021년 11월 러시아는 우크라이나
접경 지역에 대규모 병력을 배치합니다. 언제 전쟁이 터져도
이상할 게 없을 정도로 위기가 고조됩니다. 주요 언론은 각국

정보기관을 인용해 개전일을 예상하는 기사를 쏟아냈습니다. 미국과 영국, 프랑스 등 서방 국가는 러시아가 우크라이나를 침공하면 러시아에 전례 없는 제재를 가할 것이라고 경고합니다.

그런데 천연가스를 인질로 잡은 독일은 딜레마에 빠집니다. 2021년 기준 독일의 전력 생산에서 천연가스가 차지하는 비중은 15퍼센트였습니다. 그중 절반을 러시아에서 들여오고 있었습니다. 러시아 제재에 동참했다가 러시아가 보복으로 파이프라인을 잠그기라도 하면 당장 독일 공장들이 멈출 수 있습니다. 독일은 일단 '신중 모드'를 택합니다.

전쟁 위기가 고조되자 서방 국가들은 우크라이나에 무기를 지원합니다. 그러나 독일은 살상 무기는 수출할 수 없다는 명분으로 무기를 지원하지 않습니다. 2022년 1월에는 우크라이나가 '방어용' 무기 제공을 요청하자 이마저도 거부하고 대신 헬멧 5000개를 보내 구설에 오르기도 합니다. 미국과 프랑스가 러시아를 국제 금융 거래망에서 퇴출하자고 했을 때도 독일 정치권에선 반대 목소리가 나왔습니다. 경제적으로 러시아와 깊이 얽혀 있어 독일도 피해를 볼 수 있다는 이유였습니다.

반면 독일과 함께 EU를 이끄는 쌍두마차인 프랑스는

전력 생산에서 원전 비중이 70퍼센트입니다. 러시아 제재에 거칠 것이 없었죠. 마크롱 대통령은 러시아에 강력한 제재를 경고하면서도 푸틴, 바이든과 전화 통화를 하며 위기 중재에 나섭니다. 그런데 EU의 또 다른 축인 독일이 러시아 제재에 소극적으로 나오다 보니, 독일이 나토의 고리를 약하게 만든다는 비판이 제기됩니다.

우크라이나 사태가 점점 심각해지자 독일도 태도를 바꾸기는 합니다. 러시아의 우크라이나 침공 이틀 전인 2022년 2월 22일 독일은 노르트스트림2 사업을 중단하기로 합니다. 침공 이후인 2월 27일에는 숄츠 총리가 '시대 전환(Zeitenwende)'을 약속합니다. 2차 세계 대전 이후 유지해 온 독일의 방위 정책을 대전환하기로 합니다. 1000억 유로의 특별방위기금을 만들고, GDP의 2퍼센트 이상을 국방에 투입하겠다고 했죠.

그러나 독일이 할 수 있는 건 거기까지였습니다. 2022년 3월 미국과 영국이 러시아산 가스와 석유의 수입 금지를 추진합니다. 러시아가 가스와 석유를 팔아 전쟁 자금을 확보하고 있다는 이유였습니다. 그런데 독일은 다른 건 몰라도 에너지 제재만큼은 동참하기 어렵다고 밝힙니다. 숄츠 총리는 대러 제재에서 러시아 에너지는 제외하자면서

"유럽의 에너지를 러시아 외 다른 방식으로 확보할 수 없다"고 말합니다. 독일을 포함한 유럽이 사실상 러시아산 천연가스의 인질이라는 말이 독일 총리 입에서 나온 겁니다.

신호등 연정 붕괴

러시아-우크라이나 전쟁은 올해 2월이면 3년을 맞습니다. 우여곡절이 있었지만 그사이 독일은 러시아산 천연가스의 덫을 벗어났습니다. 대신 노르웨이, 네덜란드 등 유럽 내 파이프라인 수입을 늘렸고, 북해 연안에 LNG 터미널을 설치해 미국과 카타르 등에서 LNG를 들여오기로 했습니다. 러시아 의존도를 낮춘 대신 미국 의존도를 높이는 방향을 택한 것이죠. 그러나 지난 수십 년간 러시아산 천연가스에 의존했던 대가는 컸습니다.

숄츠 총리는 2021년 12월 신호등 연정을 꾸렸습니다. 숄츠 총리가 속한 사민당과 자민당, 녹색당이 손을 잡았습니다. 세 정당의 상징색인 빨강, 노랑, 초록에서 신호등 연정이란 말이 나왔죠. 신호등 연정은 초반에는 잘 굴러가는 듯했습니다.

그러나 러-우 전쟁으로 러시아산 천연가스 공급이

줄면서 저 멀리 미국에서 LNG를 받게 됩니다. 에너지 가격이 오를 수밖에 없었죠. 러시아산 천연가스를 다른 공급처의 천연가스나 다른 에너지원으로 대체하면서 2019년 대비 전기 요금이 3배 올랐습니다. 우리나라보다 4배 정도 높습니다. 2023년 하반기 기준 독일의 가정용 전기 요금이 킬로와트시당 41.6센트로 EU 27개국 중 최고였습니다. EU 평균은 28.5센트입니다.

　　그런데 문제는 산업용 전기입니다. 독일 경제의 심장은 제조업입니다. 제조업은 에너지 집약적인 산업이라 에너지 가격이 올라가면 직격탄을 맞습니다. 독일 정부는 280억 유로를 투입해 2024~2027년 제조업의 전기 요금을 감면해 주기로 하지만, 역성장의 늪을 빠져나오기에는 역부족이었습니다. 독일은 2023년과 2024년, 2년 연속 마이너스 성장을 기록하며 다시 '유럽의 병자'라는 소리를 듣게 됩니다.

　　러시아산 천연가스 공급 중단으로 물가가 오르고 제조업 경쟁력이 떨어진 상황에서 독일 GDP의 5퍼센트와 수출의 15퍼센트를 차지하는 자동차 산업까지 어려워집니다. 중국 전기차 회사들이 급성장하면서 전통의 독일 회사들이 휘청거리게 됐죠. 중도 좌파 사민당 출신인 숄츠 총리는

자동차 회사에 보조금을 지급하고 사회 복지 지출을 늘려서
경기 침체를 극복하려 했습니다. 그러나 중도 우파인 자민당
출신의 재무장관이 반대했죠. 국가 부채를 줄여야 할 판에
지출을 늘리는 게 말이 되냐는 주장이었습니다. 숄츠는
재무장관을 해임합니다.

그렇게 자민당이 신호등 연정에서 빠져나갑니다.
연정에 남은 사민당과 녹색당의 의석수를 합하면 절반이
되지 않습니다. 숄츠 총리는 자신에 대한 신임 투표를
의회에 요청했는데, 2024년 12월 16일 부결됩니다. 결국
대통령에게 의회 해산을 건의합니다. 그렇게 신호등 연정은
무너졌습니다.

2025년 2월 23일 독일은 조기 총선을 치릅니다. 최근
정당 지지도 조사에서 사민당은 16퍼센트로 3위에 그치고
있습니다. 기민련이 31퍼센트로 1위이고, 반이민을 앞세운
극우 정당 독일대안당(AfD)이 19.5퍼센트로 2위입니다.
녹색당은 12.5퍼센트로 4위입니다.

한마디로 요약하자면, 지금 독일 정치의 위기는
러시아산 천연가스에서 시작됐습니다.

우븐 시티가 엮어 내려는 미래

도요타가 스마트 시티를 건설합니다. 대체 왜, 자동차 회사가
도시의 미래를 만드는 것일까요?

2025년 1월 7일부터 10일까지 미국 라스베이거스에서 CES 2025가 열렸습니다. 어떤 기술이 등장해 우리의 삶을 바꾸게 될지 미리 엿볼 수 있는, 세계 최대의 IT 및 가전 전시회입니다. 이곳에 도요타가 돌아왔습니다. 2020년 이후 5년 만의 귀환입니다. 5년 전도, 올해도 도요타 아키타 회장이 발표한 내용은 전기차의 미래 같은 것이 아니었습니다. 도요타가 만들고 있는 '도시'에 관한 소식이었죠.

5년 전 CES 2020의 같은 건물, 같은 행사장에서 아키타 회장은 똑같은 넥타이를 매고 '우븐 시티(Woven City)' 건설 계획을 발표했습니다. 일본 후지산 인근에 축구장 약 100개 면적 정도 되는 땅이 있습니다. 지금은 문을 닫은, 도요타의 옛 공장 부지입니다. 이곳에 도요타가 스마트 시티를 건설하겠다고 나선 겁니다. 이 계획이 현실이 되기까지는 5년이 걸렸습니다. 아키타 회장은 우븐 시티의 1단계 공사가 끝났다는 사실을, 그리고 올가을 도요타 임직원 100명을 시작으로 본격적인 입주가 진행될 것이라는 소식을 전하기 위해 라스베이거스로 돌아왔습니다.

자동차 회사가 CES에서 선보이게 되는 것은 보통 전기차의 미래, 자율주행차의 미래 같은 것입니다. UAM 같은 근미래의 교통수단을 미리 체험할 수 있기도 하죠.

그런데 유서 깊은 자동차 회사, 도요타는 도시의 미래를 선보이겠다고 합니다. 대체 왜, 자동차 회사가 도시의 미래를 건설하는 것일까요?

도요타가 만들고 있는 우븐 시티. 출처: Toyota Woven City

모빌리티의 본질

1957년 도요타는 미국 진출을 시도했다가 큰 실패를 경험했습니다. 승용차 모델, '크라운'을 미국 시장에 내놓았는데, 고객들의 불만이 쏟아진 겁니다. 일본에서는 성능도 인정받고, 고급형 모델로 좋은 평가를 받았습니다. 그런데 미국에서는 달랐죠. 크라운이 미국의 고속도로 환경을 버틸 만큼 튼튼하지 못했기 때문이었습니다. 허허벌판을 끝없이 달려도 인가 한 채 보이지 않는 미국의 고속도로는

크라운의 엔진이 감당하기에 너무 길고 험했습니다. 장거리 고속 주행을 견디지 못한 엔진은 자꾸만 고장 나고 퍼지기 일쑤였죠.

도요타로서는 예상할 수 없는 일이었습니다. 일본에는 아직 고속도로가 없었기 때문입니다. 크라운은 일본의 도로 위에서는 꽤 멋지게 잘 달렸습니다. 하지만 미국의 고속도로 위에서는 쓸모없는 물건이었습니다.

이걸 자동차 성능의 문제라고만 할 수는 없습니다. 예를 들어 사람이 다니기에도 좁은 골목길이 그물망처럼 얽혀있는 베네치아에서, 덩치 큰 SUV는 제대로 다닐 수 없거든요. 그래서 도시와 모빌리티는 서로에게 맞추어 모습을 바꾸어갑니다.

예를 들어, 사람이 주로 걸어 다니던 시대에 만들어진 로마를 보면, 한 교차로에서 다음 교차로까지의 거리가 35미터 정도입니다. 사람의 걸음이 보통 분속 60미터 정도 되니 걸어서 40초 정도 걸리겠네요. 마차가 다니던 시대에 건설된 맨해튼은 이 거리가 200미터까지 늘어나고, 자동차라는 이동 수단이 보편화한 이후에 발전한 강남의 주요 사거리를 보면 거리는 800미터까지 늘어납니다. 이렇게 모빌리티는 도시와 한 몸입니다.

그래서 도요타는 미래를 달릴 모빌리티를 만들기
위해 미래의 도시부터 만든 겁니다. 자동차 회사로서 너무나
당연한 선택이죠.

도요타 아키오 회장은 그저 회사를 물려받은 세습 경영인이 아니라
자동차 덕후입니다. '모리조'라는 이름으로 레이싱 드라이버로도
활약하죠. CES 2025에서도 자신이 도요타의 마스터 드라이버라는
점을 강조했습니다. 출처: Toyota Motor Corporation

자율주행차의 실험실

우븐 시티는, 이른바 '스마트 시티'입니다. 도시가 만들어 내는
데이터를 이용해 도시 전체를 촘촘히 관리하게 됩니다. 물론,
AI의 역할이 결정적입니다. 도요타 아키오 회장이 보여준
우븐 시티의 삶은 영화 속의 한 장면 같았습니다. 고령자가
AI 반려동물과 함께 산책을 하고, 드론이 거주민들의 안전을

챙깁니다. 집 안에서는 로봇이 옷을 개어 정리하고요.
세탁기도, 건조기도 해 주지 못했던 일을 로봇이 결국에는 해
주게 될까요?

하지만 무엇보다 관심이 가는 것은 도로망,
교통망입니다. 도요타가 만든 도시니까요. 세 종류의 전용
도로가 도시를 거미줄처럼 연결하고 있습니다. 각각 자동차
도로, 보행자 도로, 공유 이동 수단 도로입니다.

이 중 우븐 시티의 자동차 전용 도로는 자율주행
차량을 위한 것입니다. 사실, 현실 세계의 도로는 자율주행차
입장에서 변수가 너무 많습니다. 갑자기 무단횡단을 하는
사람들, 이상하게 설치된 현수막에 가려진 신호등 등 사람도
감당하기 힘든 상황이 속출하죠. 자율주행차를 염두에 두고
만들어진 도로는 다를 수 있습니다. 도시의 교통 시스템과
주요 데이터를 공유할 수도 있겠고, 도로를 자율차 전용으로
운용하면 변수도 최소화합니다. 자율 주행차 시대에 건설된
건물은 기존과 주차장 위치도 다를 테고, 버스 노선은
지금보다 훨씬 다양해질 수 있습니다. 이 변화를 우븐
시티에서 미리 실험하겠다는 겁니다. 실제로 우븐 시티를
달리게 될 자율 주행 차량, 'e-팔레트'는 운송과 배달은
물론 광장 등에서 이동형 점포로도 활약할 예정입니다. 이

과정에서 쌓이게 되는 자율 주행 교통 데이터를 앞으로
활용한다는 계획이죠.

도쿄와 우븐 시티는 에어 택시가 연결합니다.
도요타가 5억 달러를 투자한 에어 택시 스타트업
'조비(Joby)'가 이를 담당합니다. 공유 이동 수단 도로에는
스쿠터, 자전거 등의 공유 이동 수단이 다니고 보행자 전용
도로에는 오직 사람만 안전히 다닙니다.

그리고 무엇보다, 탄소 중립을 실현할 수 있는
교통수단만이 우븐 시티를 달릴 수 있습니다. 당연히
기존의 내연차는 탈락이겠죠. 그렇다면 우븐 시티는 전기차
보급률 100퍼센트를 달성하게 될까요? 그렇지는 않을 수도
있습니다. 도요타의 친환경은 조금 다른 트랙 위에 있기
때문입니다.

친환경 차의 정의

2000년대 중반까지만 해도 친환경 자동차의 대표 명사는
도요타의 '프리우스' 하이브리드 모델이었습니다. 탄소 중립의
관점에서 보면 당시 도요타는 가장 앞서 나가는 완성차
업체였죠. 하지만 이제는 다릅니다. 지난 2022년 발표된

그린피스의 친환경 자동차 제조사 순위에서 도요타는 10위를 기록하고 있습니다. 세계 10대 완성차 업체 중 꼴등입니다.

도요타가 2023년 전 세계에서 판매한 차량은 1억 50만 대입니다. 이 중 전기차는 2만 5000대 정도입니다. 같은 해 현대차는 전기차 26만 8700여 대를 팔았습니다. 그러니 도요타가 전기차에 적극적이지 않다는 지적은 맞는 얘깁니다. 과거의 영광에 매여 시기를 놓친 것일 수도 있고 단순한 판단 착오일 수도 있습니다. 그런데 도요타도 할 말이 있습니다. 대신 하이브리드에 집중했거든요. 여기서 도요타는 좀 다른 질문을 합니다. 전기차가 무조건 친환경인지 말이죠.

전기차로의 완전한 전환에는 전제 조건이 있습니다. 주유소는 문을 닫고 대신 전기차 충전소가 문을 열어야 합니다. 이건 돈이 들고 탄소도 배출되는 일이죠. 게다가 전기차는 비쌉니다. 부자 나라는 탄소 감축을 위해 전기차에 보조금을 얹어주지만, 그럴 여력이 없는 나라가 더 많습니다. 그러니 100퍼센트 전기차가 아니라 하이브리드 자동차가 더 적합한 지역이 분명히 있다는 겁니다. 신흥국을 중심으로는 하이브리드 차량과 상황에 따라 전기차처럼 탈 수 있는 플러그인 하이브리드 차량을, 유럽과 미국 등을 대상으로는 전기차를 주력으로 판매하는 전략의 이유입니다.

또, 지역별로 수소 에너지에 집중하는 곳도 있고, 바이오 연료를 생산하는 곳도 있습니다. 전기차가 아니어도 이런 방법으로 탄소 배출을 줄일 수 있습니다. 전 세계에 자동차를 판매하는 도요타는 각 지역의 사정에 유연하게 대응하며 결과적으로는 탄소 감축 효과를 최대한으로 끌어올릴 수 있게 하겠다는 청사진을 제시합니다.

그렇다면 우븐 시티를 달리게 될 자동차는 어떤 모델일까요? 만약 우븐 시티에서 하이브리드 자동차가 달리고, 그럼에도 이 도시가 넷제로를 실현할 수 있게 된다면 도요타는 스스로의 신념을 성공적으로 증명할 수 있게 됩니다. 도요타는 친환경 에너지가 기본값이 된 미래 도시에서 어떤 모빌리티가 정답인지를 직접 보여줄 작정인지도 모르겠습니다.

거대한 실험실

우븐 시티는 일종의 테스트 베드에 그칠 가능성이 높습니다. 도요타 회장도 '살아있는 실험실(Living laboratory)'이라고 천명했고요. 원래 도시란 완벽히 계획한 대로만 만들어지는 것이 아닙니다. 도시에는 사람들이 모여들고, 그 과정에서 구체적인 모양이 잡힙니다. 현실의 거리에는 범죄자도 있고, 노점상도 있습니다. 그라피티를 하는 청소년과 노숙인이 공공시설의 한 귀퉁이를 차지하기도 하죠. 또, 높은 월세를 감당하지 못해 도시를 떠나야 하는 사람들도 있습니다.

그러나 우븐 시티에서는 그런 일이 일어나지 않을 겁니다. 일종의 무균실이죠. 모든 변수가 완벽히 통제된 실험실처럼, 낯설고 당황스러운 장면은 없겠지요. 그러니 우븐 시티는 '살아있는 실험실'일지언정 '살아있는 도시'는 되지 못합니다. 미래 도시상의 표준이 될 수는 없다는 얘깁니다.

하지만 실험실에 불과하다고 의미가 없는 것은 아닙니다. 마치 실험실에서 잘 걸을 수 있는 이족 보행 로봇이 현실 세계에서 천천히 걸음마를 하듯, 우븐 시티도 미래의 도시가 갖추어야 할 자격에 관해 중요한 시사점을 남길 수 있습니다. 또, 자동차뿐만 아니라 새로운 교통 시스템과 그에 어우러지는 삶의 방식까지 실험할 수 있는 최적의 실험장이 될 겁니다. 도요타 회장은 우븐 시티에 거주하게 될 모두가 일종의 '발명가'가 될 것이라고 이야기합니다. 문자 그대로 새로운 아이디어를 떠올려 새 도시의 면면을 발명할 수도 있겠지만, 완전히 새로운 모빌리티 시스템이 구현된 스마트 도시에서 삶을 꾸려 나가는 것만으로도 새 시대의 발명이 될 수 있겠지요. 우븐 시티의 실험을 주목할 만한 이유입니다. 우븐 시티는 진짜 미래가 아닐 수도 있지만, 적어도 미래이긴 합니다.

중국의 한 스타트업이 증명했습니다. AI는 돈의 문제가
아니라 과학의 문제라는 것을 말이죠.

1957년 10월 4일, 구 소비에트 연방의 인공위성, 스푸트니크 1호가 성공적으로 발사되어 지구 궤도에 진입했습니다. 세계 최초였습니다. 미국은 충격에 빠졌습니다. 믿음이 깨져버렸기 때문입니다. 과학 기술 분야에서 미국이 소련보다 우월하다는 믿음 말입니다. 체제의 문제가 아니었습니다. 생존의 문제였죠. 전 세계가 원자 폭탄이라는 무시무시한 존재를 마주한 지 겨우 12년이 된 시점이었습니다. 2차 세계 대전은 과학 기술의 수준이 곧 국방력이라는 것을 증명한 전쟁입니다.

발사 전 정비 중인 스푸트니크 1호. 스푸트니크 발사 성공 이후 충격을 받은 미국은 과학 기술에 투자를 늘리고 교육 과정도 개편하는 등 전 사회적인 변화를 추진한다.

이후 미국과 소련은 우주 경쟁에 나섭니다. 체제의 우월성을 선전하기 위해 얻을 것 없는 우주로 로켓과 사람을 쏘아 올린 시대라고 치부하면 안 됩니다. 우주로 사람을 쏘아 올릴 수 있다는 얘기는 정확히 계산된 장소로 핵미사일을 날려 보낼 수 있다는 뜻이기도 하니까요. 대륙을 넘어, 대양을 넘어서 말입니다. 그러니까, 미국과 소련의 우주 경쟁은 또 다른 의미의 전쟁이었습니다. 밀리면 국경이 흔들립니다.

지금 미국은 제2의 스푸트니크 쇼크를 맞이했습니다. 이번에는 우주가 아니라 AI, 소련이 아니라 중국입니다. 북저널리즘 독자님께는 이미 익숙한 이름이죠. 중국의 AI 스타트업 '딥시크(DeepSeek)'가 내놓은 생성형 AI 모델 때문입니다. 오픈AI를 비롯한 실리콘 밸리의 프론티어 모델들을 뛰어넘었다는 것이 딥시크의 주장입니다. 실제로 오픈AI의 추론 모델인 o1, o3와 비슷한 성능을 보인다는 것이 검증되었습니다. 중국이 AI 분야에서 약진하고 있다는 소식은 들려왔지만, 이 정도일 줄은 몰랐죠.

실리콘 밸리의 '현타'

조짐이 시작된 것은 지난 2024년 크리스마스 다음 날이었습니다. 딥시크-V3 모델이 공개되면서 업계가 술렁이기 시작한 겁니다. 먼저 눈길을 끈 것은 성능입니다.

메타의 라마(Llama) 3.1, 오픈AI의 GPT-4o와 비슷하거나 오히려 더 나았습니다. 다음으로 입길에 오른 것은 가성비입니다. 딥시크-V3 모델의 개발 비용이 약 557만 달러라는 겁니다. 우리 돈으로 약 82억 원 정도이니 적지 않게 느껴지지만, 메타가 라마(Llama) 개발에 쏟아부은 돈은 지금까지 6억 4000만 달러 (약 8천 960억 원)에 달합니다. 메타가 쓴 돈의 1퍼센트로 비슷한 성능의 AI 모델 개발에 성공했다는 얘기죠.

업계의 술렁임이 채 잦아들기도 전, 딥시크는 쐐기를 박습니다. 지난 1월 20일, 딥시크-R1 모델을 내놓았죠. 이번에는 추론 모델입니다. AGI에 매우 가까워졌다고 평가받는 오픈AI의 o3 모델이 타겟이었습니다. 벤치마크 결과, 딥시크-R1 모델은 오픈AI의 o1, o3 모델과 유사한 성능을 보였습니다. R1의 개발 비용은 약 600만 달러입니다.

당장 실리콘 밸리는 '현타'를 호소하기 시작합니다. 한 메타 직원은 직장인 커뮤니티 '블라인드'에 글을 올려 회사 조직이 충격에 빠져있다고 밝히기도 했죠. 지금 메타의 개발자들은 딥시크의 모델을 해부하고 가능한 모든 것을 베껴내기 위해 전력을 다하고 있다고 전했습니다. 또, 조직의 리더들이 AI 개발에 쏟아부어 온 막대한 비용을 어떻게 정당화할 수 있을지 걱정하고 있다는 얘기도 덧붙였죠.

조직 내부에만 설명해서 될 일이 아닙니다. 메타는 물론이고 오픈AI, 앤트로픽 등의 프론티어 AI 기업들은 전 세계의 투자자들, 주주들에게 지금까지 '헛돈'을 써 온 것이 아니라고, 앞으로도 그 많은 돈이 정말 필요하다고 증명해야 합니다. 이미 시장은 의심하고 있습니다. 엔비디아의 시총 5890억 달러가 하루 새 증발했습니다. 역대 최고치입니다. 브로드컴, TSMC, 서버 업체 오라클 등도 충격을 피하지 못했습니다. 단, 이번 사건을 기술과 투자의 관점에서만 볼 수는 없습니다. 딥시크의 부상은 월스트리트나 실리콘밸리만의 걱정거리가 아닙니다. 진짜 긴장하고 있는 것은 워싱턴입니다.

미국의 착각

딥시크-R1은 미국의 몇 가지 믿음을 흔들어 놓았습니다. 그 첫 번째는 정치가 기술적 해자를 만들 수 있다는 믿음입니다. 2022년 8월 이후 미국 상무부는 첨단 AI 반도체의 대중국 수출을 금지했습니다. 중국 군대가 사용할 수 있다는 것이 이유였죠. 그래서 딥시크는 오픈AI나 메타 같은 실리콘밸리

회사들이 쓰는 H100 칩 대신, 일부러 성능을 낮춘 H800 칩을 사용해야 했습니다. 물론, 중국이 그동안 H100 칩을 불법적인 방법으로 확보했을 것이라는 주장도 있습니다. 그래도 딥시크가 컴퓨팅 성능 면에서 커다란 페널티를 안고 경쟁했다는 점에는 변함이 없죠.

바로 이 부분에서 생성형 AI가 돈으로 승부할 수밖에 없는 판이라는 믿음도 깨집니다. R1은 추론 모델입니다. '강화 학습' 방식으로 개발되었습니다. 비유하자면, 스스로 학습법입니다. 문제를 해결하면 높은 보상을, 해결하지 못하면 낮은 보상을 받게 됩니다. 딥시크가 내놓은 논문을 보면, 이러한 '자습' 과정을 반복하다 보면 '깨달음의 순간(Aha Moment)'이 찾아온다고 합니다. 막대한 컴퓨팅 파워를 사용해 엄청난 양의 데이터를 학습시켜 개발해 온 지금까지의 방식과는 다릅니다. R1 모델은 생성형 AI가 돈의 문제가 아니라 과학의 문제라는 것을, 과학의 문제는 뛰어난 과학자가 풀 수 있다는 것을 증명했습니다.

마지막으로 미국이 AI 분야에서 초격차를 확보하고 있다는 믿음도 깨졌습니다. GAN, 트랜스포머, 스테이블 디퓨전 등 생성형 AI 기술의 역사는 미국을 중심으로 쌓여왔습니다. 유서 깊은 AI 연구 기관, 석학, 연구자들이 대부분 미국에 모여있다고 해도 과언이 아니죠. 국가를 막론하고 AI 분야에서는 미국 유학파가 다수를 차지하는 이유입니다. 그런데 딥시크는 180여 명의 구성원 대부분이 중국 국내파입니다. 주요 연구자들도 매우 젊습니다. 주축 멤버들 중에는 석사 학위도 채 마치지 않은 이들이 꽤 있을 정도니까요. 중국의 젊은 연구자들이 2023년에 설립한 스타트업이 미국의 AI 연구 역사를 단숨에 뛰어넘은 겁니다.

AI가 미국의 것이라는 착각이 깨지면서 미국 정부는 국가 안보에 걱정거리가 늘었습니다. 중국이 AI 분야에서 미국을 앞지른다면 세계 경제의 축이 중국으로 기울 가능성이 생깁니다. 국방력에서도 AI 기술은 이미 핵심 사안입니다. 세계 제일의 군사 대국 미국의 지위가 흔들릴 수도 있습니다. 그리고 무엇보다, 안티 차이나를 표방하며 관세 전쟁을 선언한 트럼프 대통령의 정치적 입지도 흔들립니다. 겉으로는 '잘된 일'이라며 딥시크의 성과에 태연한 척하고 있지만, 트럼프는 지금 마음이 급할 겁니다. 취임식 당일 함께 기자회견장에 섰던 오픈AI의 샘 올트먼 CEO가 급히 이런 코멘트를 남긴 것도 무관하지 않아 보이는 까닭입니다.

"딥시크의 R1은 가성비를 생각하면 인상적인 모델입니다. 우리(오픈AI)는 훨씬 더 나은 모델을 제공할

것이며 새로운 경쟁자가 있다는 것은 정말 고무적인
일입니다! 몇 가지 새로운 것을 선보이겠습니다."

달라지는 것, 달라지지 않는 것

우리는 아직 인간의 지능을 뛰어넘는 인공지능에 도달하지
못했습니다. 인간을 노동으로부터 해방시키는 정도까지는
아니더라도, 우리 삶의 패러다임을 바꿀만한 정도의 AI
모델은 아직 등장하지 않았죠. 딥시크는 우리의 최종
목적지를 향하는 또 다른 길을 제시했을 뿐입니다. 좀 더
저렴하고 효율적인 길 말입니다. 게다가 그 길은 딥시크가
처음 제시한 것도 아닙니다. 오픈AI도 비슷한 방식으로 o1, o3
모델을 개발했으니까요.

따라서 달라지지 않는 것이 있습니다. 엔비디아를
비롯한 AI 인프라 업체들의 기세입니다. 단기적으로는
주가가 빠졌지만, 장기적으로는 오히려 호재일 수 있습니다.
스푸트니크 쇼크 당시의 미국을 생각해 보면 쉽게 알 수
있습니다. NASA를 만들고 엄청난 돈을 쏟아부었습니다.
AI 붐은 더욱 뜨거워질 것입니다. 게다가 지금까지 알려진
것보다 작은 규모의 투자로도 프론티어 AI에 도달할 방법이

생겼으니 더 많은 업체가 제2의 딥시크를 꿈꾸며 뛰어들
가능성도 있습니다. AI 반도체는 물론 데이터 센터 등의
수요는 앞으로도 강력할 것입니다. 물론, 엔비디아 천하가
반드시 지속되리라는 보장은 없습니다. 중국은 AI 반도체
개발에도 박차를 가하고 있으니까요.

달라질 것도 있습니다. 오픈AI의 아성입니다.
오픈AI는 '클로즈드AI'라는, 그다지 유쾌하지 않은 별명을
갖고 있습니다. AI 모델 개발과 공급에 있어 폐쇄적인 구조를
고집해 오고 있기 때문입니다. 이제 연구자들은 오픈AI의
o1, o3 모델이 어떤 방식으로 개발되었고 작동하는지를
딥시크의 R1 논문을 통해 유추하고 있습니다. 딥시크가
오픈소스 형태로 모델을 공개했고, 논문을 통해 개발 과정을
상세히 밝혔기 때문입니다. 전 세계가 딥시크-R1 모델 마음껏
주무를 수 있게 되자 발전 속도도 상상을 초월하고 있습니다.
벌써부터 R1을 증류하여 소형화한 모델 등이 개발자 채널을
통해 공유되고 있습니다.

그들만의 리그가 된 줄 알았던 AI 씬에 드라마틱한
변화가 다시 시작되었습니다. 딥시크의 챗봇 앱은 오픈AI의
챗GPT를 제치고 애플 앱스토어 다운로드 수 1위를 기록했고,
R1에 이어 이미지 생성 AI 모델 '야누스 프로(Janus-Pro)'까지

공개하며 멀티 모달까지 달성했습니다. 변화는 더 빠르고 다채로워질 것입니다. 그리고 미국은 중국산 AI의 발목을 잡기 위해 무엇이든, 정말 무엇이든 할 겁니다.

감정은 통계, 과학, 전문성보다 강력합니다. 증거가 확실해도 좋아하지 않는 사실이면 무시됩니다. 팀 하포드(Tim Harford)가 썼습니다. 팀 하포드는 《이코노미스트》, 《파이낸셜 타임스》 칼럼니스트이자 경제학자, 작가입니다. 세계 30여 개국에 번역된 밀리언셀러 《경제학 콘서트》를 썼습니다. 이 글은 저자가 자신의 저서 《세상을 앞뒤가 맞게 만드는 법(How to Make the World Add Up)》를 발췌 요약해 작성했습니다.

2020년 봄, 정확하고 시기에 딱 맞는 사실적인 통계의 중요성이 갑자기 너무 선명하게 드러났습니다. 신종 코로나19 바이러스가 세계를 휩쓸기 시작한 것이죠. 정치인들은 최근 수십 년 동안 벌어진 문제 중에서 가장 중요할 수 있는 문제를 두고 신속한 결정을 내려야 했습니다. 이러한 결정의 상당 부분은 전염병학자와 의료 통계학자, 그리고 경제학자들이 앞다퉈 진행하던 일종의 '데이터 조사'에 의존하고 있었습니다. 수천만 명의 생명이 잠재적인 위험에 처해 있었습니다. 수십억 인구의 생계 활동 역시 마찬가지였죠.

2020년 4월 초, 세계 각국은 몇 주째 봉쇄된 상태였습니다. 전 세계 사망자 수는 6만 명을 넘어섰고, 앞으로 상황이 어떻게 전개될지 아무것도 확실하지 않았습니다. 사망자가 급격히 증가하는 한편, 1930년대 이후 가장 심각하다는 경기 침체까지 진행되고 있었죠. 인간의 특별한 능력이나 행운이 나타난다면, 이런 종말론에 가까운 공포심은 우리 기억에서 사라질 수도 있었습니다. 많은 시나리오가 그럴듯해 보였고, 그게 바로 문제였습니다.

같은 해 3월 중순, 전염병학자 존 이오어니디스(John Ioannidis)는 코로나 대응을 두고 "한 세기에 한 번 있을 만큼 근거 자료 수집에 완전히 실패했다"고 밝혔습니다. 물론 데이터를 조사하는 전문가들은 최선을 다하고 있었지만, 생사를 가르는 결정을 내리는 데 필요한 확실한 근거를 마련하기에는 데이터가 들쑥날쑥하고, 일관성도 없으며, 비참할 정도로 불충분한 실정이었습니다.

이러한 큰 실패에 대해서는 앞으로 몇 년 동안 자세한 연구가 이뤄질 겁니다. 하지만 몇 가지는 이미 분명해 보였죠. 이번 코로나 위기의 초기에 정치 분야에서 진실한 통계의 자유로운 흐름이 지연되었던 정황이 보였습니다. 논란의 여지가 있기는 하지만, 대만은 코로나 사태가 악화되기 전인 2019년 12월 말에 이미 신종 코로나바이러스가 사람 간에 전염된다는 사실을 뒷받침하는 중요한 단서를 세계보건기구(WHO)에 제공했다고 주장했습니다. 하지만 WHO는 같은 해 1월 중순이 될 때까지도 사람 간 전염에 대한 증거가 없다는 중국 당국의 조사 결과를 트위터에 올리며 사람들을 안심시켰었어요. 참고로, 대만은 WHO 회원국이 아니었습니다. 중국이 대만 영토에 대한 주권을 주장하며 대만을 독립국으로 인정하지 않겠다고 주장하고 있기 때문입니다. 이러한 지정학적 문제로 정보 제공이 지연된 상황이 발생했을 가능성도 있습니다.

과연 대만의 주장이 중요한 문제였을까요? 코로나는

가만히 두면 2~3일마다 확진자가 2배로 늘어나기 때문에 사람 간 전염에 대한 경고를 몇 주 앞당겼다고 하더라도 결과가 크게 달라졌을지는 확신할 수 없습니다. 다만, 세계 각국의 지도자들이 코로나 위협의 잠재적인 심각성을 인정하기까지 시간이 걸렸다는 점은 확실합니다. 예를 들어, 2020년 2월 말 트럼프 대통령은 "코로나는 사라질 것이다. 언젠가는 마치 기적처럼 전부 사라질 것이다."라고 발언한 바 있습니다. 4주 뒤 미국에서는 1300명이 사망하고 다른 어떤 나라보다도 더 많은 확진자가 나타났지만, 트럼프는 여전히 모든 사람들이 부활절에 교회에 가도 된다고 희망적인 이야기를 이어갔습니다.

저는 이 글을 2020년 9월에 쓰고 있습니다. 여전히 거센 논쟁들이 벌어지고 있고요. 신속한 검사와 격리, 감염 경로 추적은 코로나 확산을 무기한 억제할 수 있는지, 아니면 그저 며칠 동안만 지연시킬 수 있는 것인지에 대한 질문들이 제기되고 있습니다. 소규모 실내 모임이나 대규모 야외 행사를 걱정해야 하는지도 문제입니다. 휴교가 바이러스 확산 방지에 도움이 되는지, 아니면 아이들이 취약한 조부모와 함께 지내야 하기 때문에 더욱 문제가 되는지에 대한 논의도 이어지고 있죠. 마스크 착용이 코로나 확산 억제와 감염

방지에 얼마나 도움이 되는지도 중요한 의문점으로 남아 있습니다. 이러한 수많은 질문들은 감염된 사람들에 대한 조사와 그들이 감염된 시점 등에 대한 양질의 데이터를 통해서만 답을 얻을 수 있습니다.

하지만 팬데믹의 초기 몇 달 동안 검사가 제대로 이루어지지 않으면서, 수많은 감염 사례가 공식 통계에서 누락되었습니다. 시행되던 검사마저도 의료진이나 중환자들, 그리고 솔직히 말해서 부유하고 유명한 사람들에게만 집중되어 왜곡된 모습을 보여주었습니다. 경증 환자나 무증상 환자들의 수가 얼마나 되는지, 그리고 이 바이러스가 실제로 얼마나 치명적인지 집계되는 데까지는 몇 달이나 걸렸죠. 2020년 3월에는 영국에서만 사망자 수가 이틀마다 두 배로 증가하는 등 감염 사례가 기하급수적으로 늘었습니다. 가만히 앉아서 지켜볼 수 없는 상황이 되었고, 각국의 지도자들은 경제를 인위적인 혼수상태에 빠뜨렸습니다. 미국에서는 2020년 3월 말 한 주 동안 300만 명 이상이 실업 수당을 청구했습니다. 이전 기록의 다섯 배에 해당하는 수치였죠. 그 다음 주에는 상황이 더욱 악화되어 650만 명 이상의 실업 수당 신청자가 몰려들었습니다. 건강에 악영향을 끼칠 가능성이 있다는 우려를 감안하더라도, 코로나가 이토록 많은 사람들의 소득을 싹쓸이하는 사실을 당연하게 받아들여야 할 만큼 파멸적인 바이러스였을까요? 그렇게 보였을 수도 있습니다. 하지만 전염병학자들은 지극히 제한된 정보뿐이었습니다. 이를 바탕으로 최선의 추측을 할 뿐이었죠.

우리가 정확하고 체계적으로 수집된 수치들을 얼마나 당연하게 여기는지, 이번만큼 특별하게 보여준 경우를 상상하기는 쉽지 않습니다. 코로나바이러스 이전에는 상황이 달랐습니다. 성실한 통계학자들이 방대한 범위의 중요 사안들에 대해 공들여 통계를 수집하였습니다. 이러한 통계들은 세계 어느 곳에서나 무료로 다운로드받을 수 있는 경우가 많았습니다. 그럼에도 불구하고 누군가가 "거짓말, 빌어먹을 거짓말, 그리고 통계"라고 심드렁하게 말하듯, 우리는 통계를 과감하게 묵살할 정도로 교만했습니다. 코로나 위기는 통계가 없을 때 상황이 얼마나 위험해질 수 있는지를 우리에게 알려 줍니다.

의도적 합리화

우주 가장자리의 세계를 해석하는 문제에 있어서, 전문성보다 감정이 앞선다는 사실을 깨달을 필요가 있습니다. 이러한 특성은 필요하지도 않은 물건을 사거나, 바람직하지 않은 상대와 로맨틱한 관계에 빠지는 이유를 설명해 주죠. 신뢰를 배반한 정치인들에게 왜 투표를 하는지도 같은 이유입니다. 특히, 얼핏 생각해도 거짓인 게 자명한 통계인데, 그에 바탕한 주장들을 그토록 자주 믿는 이유도 여기에 있습니다. 우리는 가끔 속고 싶어 합니다.

심리학자인 지바 쿤다(Ziva Kunda)는 실험을 통해서 이런 현상을 발견했습니다. 쿤다는 실험 대상자들에게 커피 같은 카페인 함유 식품이 여성의 몸에서 더 많은 유방 낭종(breast cyst)을 발생시킬 수 있다는 증거가 담긴 기사를 보여 줬습니다. 이때 대부분의 사람들은 해당 기사가 상당히 설득력이 있다고 생각했죠. 하지만 커피를 많이 마시는 여성들은 그렇게 생각하지 않았습니다.

우리는 종종 마음에 들지 않는 증거를 묵살하는 방법을 찾아내곤 합니다. 그 반대 역시 마찬가지고요. 가령 어떤 증거가 예상을 뒷받침하는 것처럼 보이면, 그 증거가 가진 결점을 아주 면밀하게 살펴볼 가능성이 적습니다. 중요한 정보를 평가하는 동안 감정을 완전히 통제하기란 쉽지 않거든요. 감정이 우리를 잘못된 방향으로 이끌어서 길을 잃게 만들 수 있기 때문입니다.

그렇다고 해서 감정이라고는 전혀 없이 수치 정보만 처리하는 기계가 될 필요는 없습니다. 대부분은 감정을 알아차리고 고려하는 것만으로도 충분히 판단력을 향상시킬 수 있거든요. 감정에 대한 초인적인 통제를 요구하기보다는, 그저 좋은 습관을 기를 필요가 있다는 얘깁니다. 자문해 보는 겁니다. 이 정보는 나에게 어떻게 느껴지나? 정당하거나 지나치게 자신감을 갖게 하나? 불안이나 분노, 두려움을 느끼는가? 주장을 부정할 이유를 찾으며 거부하려고 애쓰고 있지는 않나?

코로나 유행 초기에는 유용한 정보처럼 보이는 '가짜 뉴스'들이 바이러스보다 더 빨리 퍼졌습니다. 페이스북과 이메일 뉴스 그룹을 통해서 널리 퍼졌던 어떤 SNS 게시물은 너무나 자신 있게 코로나와 감기를 구별하는 방법을 설명했죠. 날씨가 따뜻해지면 코로나바이러스가 파괴된다고 사람들을 안심시키는 게시물도 있었습니다. 얼음물은 되도록 마시지 말고, 대신 따뜻한 물을 마시면 어떠한 바이러스라도 죽일 수 있다는 부정확한 조언도 퍼졌습니다. 이런 게시물들은 때때로 "내 친구의 삼촌", "스탠퍼드 병원 이사회", 아니면 뜬금없이 애먼 소아과 의사를 출처로 거론했습니다. 가끔 내용이 정확한 게시물도 있었지만 대부분은 오해의

소지가 있는 추측성 정보였습니다. 하지만 평소에는 분별
있던 사람들마저도 그런 게시물을 공유하고 또 공유했죠. 왜
그랬을까요? 다른 사람들을 도와주고 싶었기 때문입니다.
전대미문의 상황에서 혼란스러워하고 있던 차에, 때마침
유용해 보이는 조언을 발견했고, 공유해야 한다고 생각했던
것뿐입니다. 순전히 인간적이고 선의를 가진 충동이었습니다.
하지만 현명하지는 못했죠.

저는 특정 통계를 이용한 주장을 다른 사람들에게
전달하기 전에, 먼저 제가 어떻게 느끼는지를 파악하려고
노력합니다. 스스로를 속이는 것을 막아 주는 확실한 방법은
아니지만, 거의 해를 끼치지 않고 때로는 때로는 도움이 되는
습관입니다. 감정은 강력합니다. 감정을 사라지게 만들 수도
없고, 그러기를 원해서도 안 됩니다. 하지만 감정이 판단을
흐리게 하고 있음을 알아차릴 수 있습니다. 또 그렇게 해야만
합니다.

경제학자인 린다 뱁콕(Linda Babcock)과 조지
로웬스타인(George Loewenstein) 교수는 1997년에 한 가지
실험을 진행했습니다. 참가자들에게 실제 법정 소송에서
다루었던 오토바이 사고 관련 증거를 제시했습니다.
그리고 무작위로 원고 측 변호인이나 피고 측 변호인의

역할을 맡겼죠. 실제 재판에서는 원고 측 변호인이 사고로 다친 오토바이 운전자가 피해 보상금으로 10만 달러를 받아야 한다고 주장했습다. 반면 피고 측 변호인은 소송을 기각하거나 피해 보상금을 낮춰야 한다고 주장했습니다.

뱁콕과 로웬스타인 교수는 실험 참가자들에게 모의재판에서 각자의 입장을 보다 설득력 있게 주장하고, 상대 주장보다 유리한 합의를 이끌어내도록 유도했습니다. 여기에 금전적인 인센티브도 내걸었죠. 여기에 실제 판사가 판결을 내린 피해 보상금까지 정확하게 맞추면 별도의 금전적 인센티브를 제공하겠다고도 했습니다. 이들은 실제 보상금에 대한 참가자들의 예측이 각자 맡은 역할과 무관하기를 예상했습니다. 그러나 참가자들의 예측은 맡은 역할에 따라, 사실이기를 바라며 펼친 주장에 강한 영향을 받았습니다.

심리학자들은 위 실험에서 나타난 참가자들의 경향을 '의도적 합리화(motivated reasoning)'라고 합니다. 의식적이든 무의식적이든 특정한 종류의 결론에 도달하려는 목표를 정해놓고 그 주제에 관해 생각하는 것입니다. 예를 들어, 축구 경기에서는 상대편이 저지른 반칙은 지적하지만, 우리 편의 잘못은 못 본 척하죠. 우리는 자신이 주목하는 것과 관련된 부분을 더욱 잘 알아차릴 가능성이 높습니다.

전문가들도 의도적 합리화에서 벗어날 수 없습니다. 오히려 어떤 상황에서는 그들의 전문성이 단점이 될 수도 있죠. 프랑스의 풍자 작가 몰리에르(Molière)는 이렇게 표현했습니다. "배운 게 많은 바보가 무식한 바보보다 더 어리석다." 벤저민 프랭클린(Benjamin Franklin)은 이렇게 말했습니다. "우리는 이성을 가진 생명체라서 정말 편하게 산다. 왜냐하면 이성은 의지만 있으면 모든 것에 대한 이유를 찾거나 만들어 내기 때문이다."

현대 사회 과학 역시 몰리에르와 프랭클린의 견해에 동의합니다. 심도 깊은 전문성을 지닌 사람들은 속임수를 눈치채는 능력이 더 뛰어나죠. 하지만 만약 전문가들이 의도적 합리화라는 덫에 걸리면 문제가 더 심각해집니다. 진정으로 믿고 싶은 것에 대해 왜 믿어야 하는지, 그 이유를 수도 없이 끌어모을 수 있기 때문입니다. 그게 무엇이든 상관없이 말입니다.

즉, 각자의 선입견에 치우친 편향된 방식으로 어떤 주장을 검토하고 증거를 평가합니다. 증거를 다룬 최근의 연구를 보면, 이러한 경향은 일반인뿐 아니라 소위 '지성적인 사람들' 사이에서도 흔하다는 결론을 내리고 있습니다. 똑똑하거나 교육을 받았다는 사실은 '의도적 합리화'를 막을 수 없으며, 어떤 상황에서는 오히려 약점이 될 수도 있습니다.

이에 대한 실제 사례는 정치학자인 찰스 테이버(Charles Taber)와 밀튼 로지(Milton Lodge)가 2006년에 펴낸 연구에서 볼 수 있습니다. 이들은 미국인들이 정치적으로 논쟁적인 사안에 대해 추론하는 방식을 검토하고자 했습니다. 이들이 고른 두 가지 주제는 총기 규제와 차별 철폐 조치였습니다.

테이버와 로지는 실험 참가자들에게 양쪽 입장에 관한 여러 가지 주장을 읽게 한 다음, 각각의 주장이 가진 장점과 단점을 평가해 달라고 요청했습니다. 이렇게 장단점을 모두 검토해 달라는 질문을 받으면, 참가자들이 반대편의 입장까지 고려하여 보다 넓은 인식을 가질 것이라고 긍정적으로 기대했죠. 하지만 그렇지 않았습니다. 새롭게 얻은 정보는 참가자들 사이를 더욱 멀어지게 만들었습니다.

참가자들은 각자가 가진 기존 믿음을 뒷받침하는 근거를 찾기 위해 주어진 정보를 파헤쳤습니다. 보다 많은 정보를 찾아 달라는 요청을 받아도, 이미 갖고 있던 생각을 뒷받침해 줄 데이터를 찾았죠. 반대되는 주장의 장점을 평가해 달라는 요청을 받으면, 참가자들은 반대 주장을 무너뜨릴 방법을 생각해 내는 데 상당한 시간을 할애했습니다.

이 실험이 '의도적 합리화'를 보여 주는 유일한
연구는 아닙니다. 하지만 테이버와 로지의 실험에서 특히
흥미를 끄는 점은 전문 지식이 합리화를 심하게 만들었다는
사실입니다. 지적 수준이 높은 사람들일수록 평소 가졌던
선입견을 뒷받침하는 자료들을 더 많이 찾아냈습니다. 더욱
놀라운 사실은 지적 수준이 높은 사람들이 생각과 반대되는
자료는 오히려 덜 찾았다는 점입니다. 마치 전문성을
활용하여 불편한 정보를 적극적으로 회피한 것처럼 보일
정도였습니다. 자신들의 견해를 뒷받침하는 주장을 더
많이 내놓았고, 반대 주장의 약점을 더 많이 집어냈습니다.
전문가들은 애초에 도달하고 싶은 결론에 다다를 수 있는
훨씬 더 뛰어난 조건을 갖추고 있었던 겁니다.

원하는 결론에 도달하는 데 필요한 무기

'의도적 합리화' 가운데 정치적으로 가장 가까운 정서적
반응은 당파성(partisanship)에서 동기를 부여받는
모습입니다. 정치적 연대 의식이 강한 사람들은 여러 사안에
대해 '각자의 옳은 편'에 서기를 원합니다. 특정 주장을 대했을

때, "우리 편이 생각하는 방식"인지 아닌지에 따라 다르게
반응한다는 겁니다.

　　　기후 변화에 관한 주장을 생각해 보죠. "인간의
활동이 지구의 기후를 따뜻하게 만들면서, 다가올 삶의
심각한 위협을 초래하고 있다." 상당수가 이런 주장에
정서적으로 반응합니다. 이것은 숫자와 정확성에 관한 문제가
아닙니다. 지구부터 화성까지의 거리를 계산하는 문제와는
다르다는 얘깁니다. 기후 위기를 믿고 말고 하는 문제는
정체성의 일부분입니다. 우리가 누구인지, 친구들은 누구이며
살고 싶은 세상이 어떤 곳인지를 보여줍니다. 만약 내가
기후 변화와 관련한 어떤 주장을 기사로 쓰거나 보기 편한
그래프로 만들어 소셜 미디어에 공유한다면, 사람들의 관심과
참여를 이끌어낼 수 있습니다. 주장이 사실이나 거짓이어서가
아닙니다. 사람들이 기후 위기에 대해 어떤 식으로든 감정을
느끼기 때문이죠.

　　　이 얘기가 의심된다면, 갤럽(Gallup)의 2015년
여론 조사 결과를 곰곰이 생각해 보죠. 갤럽 조사에서는 기후
변화를 두고 미국 내 민주당원과 공화당원 사이에 거대한
간극이 있음을 보여주었습니다. 이러한 결과에 대체 어떤
합리적인 이유가 있을 수 있을까요?

과학적인 근거는 그야말로 과학적인 근거입니다.
기후 변화에 대한 생각은 좌파나 우파 같은 성향에 흔들리지
않아야 하지만, 사람들은 흔들립니다. 특히 기후 변화에
대한 인식 차이는 교육 수준이 높은 사람들 사이에서 더욱
두드러졌습니다. 대학 교육을 받지 않은 사람들 중에서는
민주당원의 45퍼센트와 공화당원의 23퍼센트가 기후 변화에
대해 "대단히" 우려하고 있었죠. 반면, 대학 교육을 받은
사람들의 경우에는 기후 변화를 대단히 우려하는 응답이
민주당원 50퍼센트, 공화당원 8퍼센트였습니다. 과학적인
문해력(literacy)을 고려해도 비슷한 양상이 유지됩니다.
과학적인 문해력이 높은 공화당원과 민주당원이 가진 인식의
차이는 그렇지 않은 당원들에 비해 훨씬 크게 나타납니다.

　　　　정서적인 측면이 없다면, 더 높은 수준의 교육과
더 풍부한 정보는 사람들이 진실을 두고 합의하는 데
확실히 도움이 될 것입니다. 최소한 현재의 조건에서
최선의 의견에 도달할 수 있도록 할 수 있겠죠. 하지만, 기후
변화라는 주제에 대해 제공되는 더욱 많은 정보는 오히려
사람들을 양극화시키는 데 큰 영향력을 발휘하고 있습니다.
이 사실만으로도 감정이 얼마나 중요한지를 알 수 있죠.
사람들은 자신의 믿음과 가치에 일치하는 결론에 도달하기

위해 안간힘을 쓰고 있습니다. 지식이 풍부하다는 것은
원하는 결론에 도달하는 데 필요한 무기를 더 많이 갖고
있다는 의미입니다.

확신에 차 단언할 수는 없더라도, 기후 변화의 경우
객관적인 진실이 존재합니다. 하지만 지구에 사는 80억 명
중 단 한 명의 마음속에 드는 생각이 환경에 미치는 영향은
거의 없습니다. 설령 중국의 국가 주석이라고 하더라도,
언행에 관계없이 기후 변화는 예정된 경로를 밟아 나갈
가능성이 높습니다. 자기중심적인 관점에서 보자면, 아무리
틀린 의견을 내도 실질적으로 드는 비용은 '0'에 가깝습니다.
그러나 우리의 믿음이 사회에 미치는 결과는 현실적이며
즉각적으로 나타납니다.

미국 몬태나에서 보리농사를 짓는 농부를 상상해
보십시오. 뜨겁고 건조한 여름이 지속되면서 농사가 망치는
경우가 많아지는 상황에 놓여 있습니다. 이런 경우 기후
변화는 중요한 문제가 됩니다. 그러나 몬태나의 시골은
보수적인 지역이며, '기후 변화'라는 단어는 정치적인 함의를
지니고 있습니다. 기후 변화에 대해 단 한 사람이 무엇을 할 수
있을까요?

저널리스트인 아리 르보(Ari LeVaux)는 농부인 에릭

소머펠드(Erik Somerfeld)가 무기력해지는 과정을 이렇게 묘사합니다. "소머펠드는 들판에 서서 시들어 가는 농작물을 보면서 피해 원인이 무엇인지 명백하게 알 수 있었습니다. '기후 변화'였죠. 하지만 친구들과 함께 술집에 들어가면, 그의 어조가 바뀌었습니다. 그는 '변덕스런 날씨'와 '더 건조해지고 뜨거워진 여름'이라는 단어들을 사용하지 않습니다. 입 밖에 꺼내선 안 되는 단어들이기 때문입니다. 이런 대화 방식은 요즘 농촌에서 드물지 않습니다."

만약 소머펠드가 미국 오리건의 포틀랜드나 영국 이스트서식스의 브라이튼에 살고 있었다면, 동네 술집에서 말조심할 필요가 없었을 것입니다. 오히려 기후 변화를 아주 심각하게 받아들이는 친구들과 어울렸을 가능성이 높죠. 그리고 그런 친구들 사이에서 기후 변화를 중국의 거짓말이라며 시끄럽게 외치고 돌아다니는 사람은 곧바로 따돌림 당하기 마련입니다.

교육을 받은 사람들이 기후 변화라는 주제에 대해 양극단으로 갈린다는 사실은 그리 놀라운 일이 아닐 수 있습니다. 인류는 수십만 년 동안 진화하면서 주변 환경에 어울리는 일을 깊이 신경 쓰게 되었으니까요. 이런 사실은 정보를 더 많이 가진 사람일수록, 정치적으로 의견이

나눠지는 주제에서 '의도된 합리화'의 덫에 걸릴 위험성이 더 높다는 테이버와 로지의 연구 결과를 설명해 줍니다. 주변 지인들이 이미 믿고 있는 사실을 보다 설득력 있게 설명할 수 있다면, 더욱 존중받을 수 있다는 뜻입니다.

도널드 트럼프와 그린피스(Greenpeace)

'잘못된' 무언가로 인한 사회적인 결과가 심각하다고 하더라도, 실질적인 결과가 미미하다면 잘못된 길로 이끌리기 쉽습니다. 수많은 논란들이 정치적 성향에 따라 분열되는 상황은 우연이 아닙니다.

"나는 정치적인 신조가 있지만 당신은 편향돼 있다" 혹은 "그는 비주류 음모론자다" 같은 '의도된 합리화'는 그저 남일이라고 생각되기 쉽습니다. 하지만 우리 모두가 때때로 머리보다는 가슴으로 생각한다는 사실을 인정하는 게 현명합니다.

킹스칼리지런던(King's College London)의 신경과학자 크리스 드 메이어(Kris De Meyer)는 학생들에게 다음과 같은 글을 보여 줬습니다. 마치 환경 운동가가 기후 변화를 부정하는 입장에 대해 문제의식을 설명하는 내용처럼 보입니다.

부정하는 이들의 활동을 요약하면 다음과 같다. (1)그들의
노력은 공격적이었던 반면, 우리의 노력은 방어적이었다.
(2)부정하는 이들은 마치 철저한 행동 계획을 세워 놓은
것처럼 질서정연하게 움직인다. 나는 부정적인 세력들이
열심히 노력하는 기회주의자이라고 특징지었다. 그들은
신속하게 행동했다. 과학계를 공격하며 사용하는 정보의
유형에는 전혀 원칙이 없어 보였다. 하지만 우리가 관련
사안을 다루고 언론 매체와 대중에게 이야기를 전달하는
방식은 의심의 여지없이 서툴렀다. 아무리 좋은 내용이라도
마찬가지였다.

글을 읽은 학생들은 모두 기후 변화를 부정하는
사람들의 연막작전과 냉소주의를 비판하는 내용에 격하게
동의했습니다. 모두 기후 위기에 전적으로 동조하는
입장이었기 때문입니다. 하지만 드 메이어가 공개한 글의
출처는 최근에 주고받은 이메일이 아니었습니다. 1960년대
담배 업계에 종사하던 한 마케팅 임원이 쓴 악명 높은 내부
메모 중 일부를 그대로 발췌한 글이었습니다. 기후 변화와는

관계 없었죠. 메모는 '기후 변화 부정론자들'이 아니라 '담배 반대 세력'을 비판하는 내용이었지만, 아무것도 바꿀 필요가 없었던 겁니다.

　기후 변화가 사실이라고 맞는 주장을 하든, 또는 담배와 암 발병 사이에는 아무런 관계가 없다고 틀린 주장을 하든 상관없습니다. 위의 예시와 동일한 글로 서로의 주장을 펼치며 각자가 옳다고 똑같이 확신을 가질 수 있습니다.

　민감해질 수밖에 없겠지만, 개인적으로 겪은 사례를 하나 들어보겠습니다. 좌파 성향이며 환경 문제를 의식하는 제 친구들은 기후를 연구하는 과학자들을 향한 인신공격을 당연히 비판적으로 바라봅니다. 기후 학자들을 공격하는 내용은 뻔합니다. 과학자들이 정치적인 편향성을 갖거나, 큰 정부(big government)에서 연구 자금을 받아내려고 안간힘을 쓰면서 기후 데이터를 조작한다고 주장하는 식입니다. 간단히 말해서, 증거를 갖고 따지기보다는 개인을 비방합니다.

　기후 학자 공격을 비판하는 내 친구들은 동료 경제학자들을 공격할 때 위와 비슷한 유형의 전략을 받아들이고 더욱 확장시킵니다. 경제학자들이 정치적인 편향성 때문에, 또는 대기업들에게 돈을 받아내려고 안간힘을 쓰고 있기 때문에 데이터를 만들어 낸다는 것입니다. 나는 평소 이성적인 지인에게 기후 과학자 공격과 경제학자 공격의 비슷한 점을 이해시키려고 애썼지만, 아무런 소득도 얻을 수 없었습니다. 지인은 내 얘기를 전혀 이해하지 못했죠. 이런 지인의 태도를 이중 잣대로 부를 수도 있겠습니다. 하지만 그건 적절하지 않습니다. 이중 잣대에는 고의적이라는 암시가 들어있기 때문입니다. 사실은 그렇지 않습니다. '의도적 합리화'는 타인에게서는 쉽게 발견할 수 있지만 스스로 깨닫기는 매우 어려운 무의식적인 편견입니다.

　　통계를 근거로 하거나 과학적인 주장을 대하는 감정적 반응은 중요하지 않거나 부차적인 문제가 아닙니다. 감정은 어떠한 논리보다도 우선하여 믿음을 형성할 수 있고, 자주 그렇게 작동합니다. 정치적 당파성이나 계속해서 커피를 마시고 싶은 욕망, HIV 진단이라는 현실을 직시하지 않으려는 마음 등, 확고한 근거를 의심하고 낯선 사실을 믿게 되는 일이 벌어집니다. 감정적인 반응을 불러일으키는 여러 원인들이 우리 스스로를 설득하기 때문입니다.

　　그렇다고 절망해서는 안 됩니다. 감정을 조절하는 법은 배울 수 있습니다. 성장하는 과정의 일부입니다. 첫 번째 간단한 단계는 감정을 알아차리는 것입니다. 통계를 근거로

한 주장을 접하면 자신의 반응에 주의를 기울여야 합니다.
만약 격분, 환희, 부정 등의 기분을 느낀다면 판단을 잠시
멈추고 곰곰이 생각해 보아야 합니다. 감정이 없는 로봇이 될
필요는 없지만, 느낌만큼 생각을 해야 합니다. 그리고, 할 수
있습니다.

대부분의 사람들은 사회적으로 유리한 상황에서도
스스로를 적극적으로 속이고 싶어하지는 않습니다. 특정한
결론에 도달해야 하는 이유를 갖고 있지만, 사실이라는
요소 또한 중요합니다. 수많은 사람들은 스타 영화배우나
억만장자가 되길 원합니다. 숙취에 면역력을 갖고
싶어합니다. 하지만 실제로 이뤄지리라 믿는 사람들은 거의
없습니다. 무언가를 갈망하는 마음에는 한계가 있습니다.
판단을 내리기 전에 셋을 세는 버릇을 들이고, 무릎 반사처럼
즉각적으로 반응하는 상황을 더 많이 알아차릴수록 진실에
더욱 가까워질 수 있습니다.

예를 들어 보겠습니다. 교수들로 이루어진 어떤 연구
팀이 수행한 여론 조사를 보면, 대부분의 사람들은 진지한
저널리즘과 가짜 뉴스를 완벽하게 구분할 수 있습니다.
거짓이 아닌 진실을 널리 알리는 것이 중요하다는 데에도
동의합니다. 하지만 그런 사람들도 "500명이 넘는 이민자

집단이 자살 폭탄 조끼를 입은 채로 체포됐다"와 같은 기사를 기꺼이 공유합니다. '공유하기'를 클릭하기 전에 잠시 멈춰서 생각하지 않았기 때문입니다. '이게 사실일까?'라거나 '내가 이 사실이 중요하다고 생각하는가?'라고 자문하지 않았습니다.

대신 모든 사람은 인터넷이 정신을 끊임없이 산만하게 만든다는 사실을 알고 있으면서도, 인터넷 서핑을 하면서 감정과 당파성에 휩쓸립니다. 잠시 멈춰서 곰곰이 생각해 보는 것만으로도 충분히 수많은 거짓 정보를 걸러낼 수 있다는 사실이 그나마 다행입니다. 오래 걸리지도 않습니다. 모두가 할 수 있는 일입니다. 해야 할 일은 잠시 멈춰서 생각하는 습관을 갖는 것뿐입니다.

선동적인 밈(meme)이나 열변을 토하는 발언들은 사람들을 고민 없이 잘못된 결론으로 건너뛰게 만듭니다. 침착해져야 합니다. 수많은 논조들은 욕망과 동정심, 분노를 끌어올리기 위해 만들어졌습니다. 도널드 트럼프가 사람들이 잠시 멈춰서 차분히 생각하게 유도하는 내용을 트위터에 올린 적이 있었나요? 그린피스(Greenpeace)도 마찬가지입니다. 오늘날 누군가를 설득하려는 사람들은 상대방이 멈춰서 생각해 보길 원하지 않습니다. 대신 다급함을 느끼기를 원합니다. 그러니 서두르면 안 됩니다.

세상에 없던 것을
만들어 내는 사람을
만납니다.

메러디스 휘태커는 2006년부터 구글에서 일하며 '오픈
리서치 그룹'을 설립하기도 했던 업계의 전문가다. 2017년 말,
구글이 미군과 비밀 AI 프로젝트를 진행하고 있다는 사실을
알게 돼 공개 비판에 나섰으며, 2019년 사상 초유의 구글
파업 사태를 주도하기도 했다. 구글 퇴사 이후에는 백악관,
유럽 의회 등 여러 정부 기관과 시민 단체에서 AI, 개인 정보
보호 및 보안에 대한 자문을 제공해 왔다. 2021년부터 미국
연방거래위원회(FTC) 위원장 AI 수석 고문으로 일하기도
했다. 휘태커는 업계의 생리를 잘 아는 사람으로서 경고한다.
지금의 생성형 AI는 기업의 이익 창출을 위한 것일 뿐,
사회적 책임에는 관심이 없다는 것이다. 그러면서 현재의
패러다임을 뒤집어야 한다고 주장한다. 비영리 보안 메신저
시그널(signal)의 CEO 메러디스 휘태커를 인터뷰했다.

생성형 AI 산업이 빅테크 기업들의 감시 데이터를
기반으로 성장했다는 점을 강조하고 있다.

지금의 AI 기술에 대한 열풍은 사실 새로운 것이 아니다. 10여
년 전, AI 기술이 주목받기 시작했을 때도 당시의 기술은
1980년대 후반에 개발된 것이었다. 하지만 2012년 무렵,
빅테크 기업들이 방대한 양의 데이터를 수집하고 이를 강력한
컴퓨팅 파워와 결합시켰다.

AI 이전에도 빅테크는 데이터를 활용해 이윤을
창출했다.

단순한 데이터 수집이 아니었다. 이러한 데이터를 통해
사용자들의 행동을 예측하고 관리하는 데 활용되었다. 예를
들어, 광고를 누구에게 보여줄지 결정하거나, 뉴스 피드를
알고리즘이 큐레이션하여 사용자의 참여도를 높였다. 결국,
AI 산업의 성장도 이러한 감시 데이터와 빅테크 기업들의
막대한 컴퓨팅 파워 덕분에 가능했다고 볼 수 있다.

여전히 AI 기업에 데이터는 화두다.

감시 데이터를 보는 관점이 중요하다. 힘을 가진 사람들이
나머지 사람들을 분류하고 관리하기 위해 데이터를 사용하는
방식으로 이해할 필요가 있다. 예를 들어, 웹에 공개된
데이터도 감시 데이터로 사용할 수 있다. 내가 2000년대 초에
Flicker 서비스에 사진을 업로드할 당시에는 그 사진들이
어떻게 사용될지 알지 못했다. 하지만 지금 그 데이터들은
'클리어뷰(Clearview)'와 같은 회사에 의해 얼굴 인식을 위한
데이터로 활용되고 있다.

보안 메신저 시그널의 CEO 메러디스 휘태커

그렇다면 AI 모델이 특정 인종이나 계층에 대한 편향을 강화할 수 있다고 보나?

그런 위험이 있다. 우리가 갖고 있는 편향, 불평등, 힘의 불균형 등이 AI 모델에 반영될 수밖에 없다. AI 모델을 학습시키기 위한 데이터가 우리의 과거이자 현재이기 때문이다. 데이터를 아무리 정제한다고 해도 그러한 요소를 완벽히 제거할 수는 없다. AI 모델은 우리가 속해 있는 사회적, 역사적 현실을 반영한다. 또한, 마이크로소프트, 구글, 아마존, 메타 등은 미국에 기반을 둔 회사다. 다른 곳에서는 우려할 만한 부분이다. 이 회사들의 서비스는 과학적 진보의 산물이라기보다는 이윤 추구를 위해 배포된 제품들이다. 이들은 백엔드에서 보안 관행, 데이터 처리 방법, 데이터 판매 여부, 데이터를 AI 훈련에 사용할지 여부 등을 결정할 수 있다. 따라서 우리는 기술이 중립적이라는 전제하에, 문제에 접근해서는 안 된다. 궁극적으로 이익을 극대화하기 위해 설계된 제품이라는 점을 인식해야 한다. 특히 트럼프가 재집권할 가능성이 커지고 있으며 지정학적 변화가 일어나고 있다는 점을 고려할 때 더욱 주의할 필요가 있다.

AI가 일상으로 들어오면서 보안 관련한 우려도 크다.

많은 사람들이 AI를 인간과 유사한 시스템으로 생각한다. 그러나 AI는 소프트웨어일 뿐이다. 따라서 보안 취약점도 당연히 존재한다. 개인적으로 챗GPT와 같은 생성형AI 도구를 사용하지 않는다. 이러한 도구를 사용할 때 사용자는 자신이 입력하는 모든 정보가 AI 기업에 공유된다는 사실을 인지해야 한다. 대기업조차 반복적으로 데이터 유출을 겪고 있다. 예를 들어 구글의 모회사인 알파벳 산하의 '23andMe'의 경우 유전자 분석 데이터가 유출된 사건을 겪었다. 미국 통신사에서도, 한국의 삼성에서도 비슷한 일이 있었다.

> 그래서 주목받고 있는 것이 바로 온디바이스
> AI다. 또, 구글에서는 '연합 학습' 기술 등 보안을
> 유지하면서 AI 모델을 학습시킬 방법을 내놓기도
> 했다.

이론적으로는 도움이 될 수 있지만, 현재로서는 이러한 기술이 실제로 모든 문제를 해결할 수 있을지 확신할 수 없다. 예를 들어, 거대 모델들은 여진히 클라우드에서 실행되며,

개인 디바이스에서 처리하기 힘들다. 또한, 온디바이스 모델이 사용자의 데이터를 외부로 보내지 않는다고 하더라도, 여전히 그 데이터는 누군가에 의해 처리된다. 그 주체가 누구인지, 어떤 권력을 어떻게 활용하고자 하는지 등의 문제가 남는다. 결국, 기술이 진보하는 만큼 기술 산업의 이윤 추구 구조 자체를 바꿀 필요가 있다.

> 오픈AI나 앤트로픽과 같은 곳은 비영리로 시작했지만, 마이크로소프트와 아마존과 같은 빅테크로부터 큰 투자를 받았다.

거대 언어 모델(LLM)을 활용한 대형 AI 모델을 개발하기 위해서는 막대한 자원이 필요하다. 빅테크만이 이러한 자원을 제공할 수 있다. 결국, 빅테크의 투자와 지원 없이 AI 비영리 조직이 시장에서 생존하기는 어렵다. 깊이 있는 논의가 필요한 부분이다.

> '시그널'은 여전히 비영리 조직으로 운영되고 있다.

우리가 '보안'을 최우선으로 두고 있기 때문이다. 빅테크의 주요 수익 모델은 감시 데이터를 이용한 이윤 추구다. 우리가 영리 조직이었다면 수익 창출에 대한 압박이 분명 있었을 것이다. 투자자들은 수익을 바란다. 자선단체가 될 생각으로 비영리 조직을 선택한 것은 아니다. 외부의 압박 없이 우리의 미션에 집중하기 위해서는 비영리 조직이 최선의 선택이었다.

> 유럽 연합의 AI 법, 미국 바이든 정부의 AI 행정 명령 등 세계적으로 규제 움직임이 일고 있다. 생성형 AI 분야를 이끌고 있는 기업들은 '프론티어 모델 포럼'을 조직하여 이에 발맞추고 있다. 어떻게 평가하나?

올바른 방향으로 가고 있다고 평가하기는 어렵다. 명확한 계획이 보이지 않고, 법 조항은 모호하거나 다수의 예외 조항을 포함하고 있어 우려스럽다. 프론티어 모델 포럼에서는 여러 가지 아이디어가 제시되고 있지만, 실제로 기업들이 이를 어떻게 이행할지는 별개의 문제다. 더욱이 AI가 실제로 매우 위험하게 사용되는 예시는 이미 너무 익숙하다. AI 시스템이 이스라엘 가자지구에서 사용되어 자동으로 표적을 식별하고, 주거지와 건물을 폭격하는 데 사용되고 있다는 보고도 있었다. 우리가 진정으로 AI 안전을 고려한다면,

이러한 사례에 좀 더 집중해야 할 것이다.

> 일각에서는 프론티어 모델 포럼이 시장에 새롭게
> 진입하고자 하는 스타트업의 사다리를 걷어차려
> 한다는 의혹도 제기된다.

AI 스타트업들이 빅테크의 자원을 필요로 하는 상황에서는
스타트업이 할 수 있는 일은 몹시 제한적이다. AI와 관련된
권력이 일부에게 집중되어 있다는 문제를 시급하게 다뤄야
한다.

> AI 스타트업을 꿈꾸는 한국 청년들에게 한마디
> 해준다면?

작은 AI 모델들, 창의적인 접근 방식을 통해 흥미로운
문제들을 해결할 수 있을 것이다. 빅테크가 주도하고 있는
'거대할수록 더 좋은 AI 모델'이라는 패러다임을 벗어나야
한다. 새로운 길을 모색해야 할 때다.

올해 다보스 포럼의 주제는 '지능형 시대를 위한
협력(Collaboration for the Intelligent Age)'이었습니다.
AI라는 단어는 굳이 사용하지 않았습니다. 지능이 폭발하는
현재는 이미 기정사실입니다. 어찌 되었든 인류는 생성형 AI
기술에 많은 것을 걸고 있습니다. 지금 세계 경제는 일종의
'정체기'를 겪고 있으니 말입니다. 답답하고 힘든 이 구간을
돌파하기 위해서는 인간의 지능에 준하거나 인간을 뛰어넘을
정도의 초지능 AI가 필요하다고 생각하는 사람들이 꽤 많은
것 같습니다. 증기 기관처럼, 인터넷과 모바일처럼 생산성
폭발을 다시 한번 기대하는 겁니다. 이번 《bkjn magazine》를
함께하신 독자 여러분의 생각은 어떠신가요? 우리는
어제보다 더 풍요로워져야 할까요? 그리고 그 희망이 AI에
있나요? 저희의 비평에 동의하시거나, 반대하시거나, 다른
생각을 추가하시면서 함께해 주셨으면 합니다. 독자 여러분,
지금까지 두 번째 《bkjn magazine》이었습니다.